종합재능기록표

-영재아 판별과 교육을 위한 체계적인 계획-

Total Talent Portfolio:

A Systematic Plan to Identify and Nurture Gifts and Talents

Jeanne H. Purcell · Joseph S. Renzulli 지음

이미순 옮김

박학사

Total Talent Portfolio:

A Systematic Plan to Identify and Nurture Gifts and Talents

by Jeanne H. Purcell, Joseph S. Renzulli

Translated and Adapted for use by Korean Educators by Mi-Soon Lee

Printed in Korea
ISBN 978-89-91633-34-6

역자 서문

1970년 초에 시행한 중학교 무시험진학과 고교평준화 제도에 따른 평등성 교육의 여파로 우수 인재양성에 소홀하다는 사회적 비판을 받게 되면서, 수월성 교육에 대한 관심이 증대되고 국가적으로 교육경쟁력을 강화하기 위해 영재교육 및 일반 학교에서의 수월성 교육을 제고하는 교육프로그램의 운영 필요성을 제기하게 되었다. 이에 교육인적자원부는(2004) “창의적 인재 양성을 위한 수월성 교육 종합대책”을 발표하였고, 2010년까지 전체 초중고생의 5%인 40만 명에 이르는 학생에게 수월성 교육을 추진할 예정임을 보고한 바 있다. 이에 우리나라도 사회 및 교육적으로 영재교육 관련 정책을 수립하고, 적극적으로 이를 추진하는 한편, 영재교육 이론과 실제에 관한 이해를 도모함으로써, 그간 영재교육이 소수의 학생만을 위한 “엘리트주의(Elitism)”라는 비난에서 벗어나 사회와 국가 발전에 이바지하는 “사회적 자본(Social Capital)”을 개발한다는 시각을 전개할 시점에 이르게 되었다.

이 책은 Purcell과 Renzulli(1998)의 『Total Talent Portfolio: A Systematic Plan to Identify and Nurture Gifts and Talents』를 번역한 것이다. 특히, Renzulli 박사는 미국 코네티컷 대학의 교육심리학과 교

수였으며, 미국국립영재연구소의 소장으로 영재교육에 대한 많은 독창적인 이론을 제시하였다. 그 중 영재성의 세 고리 개념, 영재판별모형 및 삼부심화학습 등은 우리나라에 소개된 이 후 많은 영재 교수-학습 프로그램의 이론적 토대를 제시하고 있다.

기존 영재교육에 관한 책들과 비교할 때, 이 책은 학교 현장에서 실제적으로 적용할 수 있는 지침과 방향을 구체적이며 융통적으로 소개한다. 이는 Renzulli 박사 및 그의 동료들이 오랫동안 이론과 실제를 학교 현장에 도입하고 적용하는 연구를 하였기 때문이다. 그러나 이 책에서 제시한 지침 및 방향을 그대로 우리나라 여건에 적용할 수 없으므로, 우리나라 실정에 맞는 영재교육 이론과 실제를 정착시키기 위한 영재교육 실무자, 즉 행정가, 교사 및 부모들의 노력과 열정을 기대한다.

이 책에서 소개하는 종합재능 기록표(Total Talent Portfolio, TTP)는 학생에 대한 정보를 체계적으로 수집, 기록함으로써 이에 알맞은 심화 및 속진 등의 학습기회를 개발하도록 돕는 방법이다. 이 책의 주요 내용을 대략적으로 살펴보면, 제1부에서는 종합재능 기록표의 필요성을 학교전체 심화모델을 통해서 제시한다. 제2부는 학생의 현재 상태에 대한 정보(Status Information), 즉 학생에 대해 이미 알고 있는 바를 체계적으로 기록하는 방법을 소개한다. 한편, 제3부에서는 행동정보(Action Information)를 다루며, 학생에 대해 알게 된 새로운 정보를 기록한다. 그 외 제4부와 제5부는 학생 목표와 학생이 참여하고 있는 교육과정 외 활동 및 재능개발 활동을 기록하는 방법을, 마지막 제6부에서는 특정 학생에 대한 제안점을 소개한다.

코네티컷 대학에서 공부하는 중에 우리나라 영재교육에서 제일 필요한 사항이 무엇인지 고심하게 되었고, 교육 현장에서 영재를 지도하는 교사를 위한 자료가 부족하다는 현실을 접하게 되었다. 이상의 역자의 고심에 대해 Renzulli 박사는 흔쾌히 우리나라의 영재교육을 담당하는 교사를 위해 여러 권의 책을 우리나라 실정에 맞게 번역하고 수정할 수 있도록 배려해 주셨다. 이 자리를 빌어 Renzulli 박사의 지원과 격려에 감사드리고 싶다. 또한 학생들을 대상으로 종합재능 기록표를 작성해 주신 고려대학교 안선미 선생님과 건국대학교 유선영 선생님, 이 책의 출판을 허락해 준 도서출판 박학사 사장님과 편집부에 진심어린 감사를 드리면서, 책에 어린 정성과 노력만큼 우리나라의 영재교육이 발전하길 기원한다.

2007년 5월

이미순

감사의 글

어떤 책을 읽느냐에 따라 인생이 달라지는 것처럼, 책을 저술하는 것도 마찬가지라고 생각한다. 이 책을 저술할 수 있도록 물심양면으로 도움을 주신 분들께 진심으로 감사를 드린다.

학생들을 바라보는 여러 시각을 가질 수 있도록 도움을 주신 분께 또한 깊이 감사드린다: Bruce Berube, Lianne Brenneman, Karen Dolan, Christie Hill, Kelly Kwaitkowski, Dorothy Novak, Sunghee Park, Angela Pecora와 Katie Schultz. 이분들의 도움으로 종합재능 기록표를 개발하고 현장검증을 실시할 수 있었다.

원고를 살펴보고 지침에 삽입할 여러 양식을 제공해 준 Mary Rizza에게도 감사를 드린다. 종합재능 기록표에 대한 후속 현장검증에 도움을 주신 여러 학군의 도움으로 종합재능 기록표의 여러 면을 수정하고 향상할 수 있었다. 아울러 학군에서 실질적으로 교육을 담당하고 계신 분들의 통찰력 있는 지적과 조언에 대해 감사를 드리고 싶다.

마지막으로, 컴퓨터 및 배정에 도움을 주신 Siamak Vahidi에게 깊은 감사를 드린다.

차 례

도표 차례

제 1 부

거의 모든 난관 해결은 전통적인 사고방식을 깨는 용기의 결과이다.

—Nicholas Copernicus

원리: 아래 그림에서 잘못된 점은 무엇인가?

크리스는 수학 시간에 이상한 행동을 한다. 수학 교사인 빌 윌리암스는 다음과 같이 말한다. "최소한 일주일에 한 번은 수업 중에 졸고, 숙제를 안 해서 낙제할 것이다. 어떻게 해 줄 수 없다. 크리스는 좋은 학생이긴 하지만 좋은 점수를

받을 수는 없다."

크리스가 수학 및 다른 과목에 싫증을 내는 이유를 알아보려고 일반인에게는 공개되지 않는 기록부를 살펴보기로 했다.

"아마 그 기록부에는 최근 몇 년 동안 크리스의 낮은 수학테스트 점수와 전 학년 교사도 어쩔 수 없었다는 평가가 적혀 있을 것이다." "왜 크리스가 잘 못하는지, 다른 반으로 보내야 하는지, 그리고 어떤 교육적 조치가 필요한지 설명할 수 있을 것이다."

그래서 사용허가서에 서명하고 사용허가를 받은 뒤 기록부를 살펴보게 되었다. 크리스의 모든 파일(학업 기록, 테스트 점수 및 가족 사항 등)을 검토했다. 실망스럽게도 기록사항들은 크리스가 옛날부터 잘 못했고 왜 수학에서 특히 못하는지 설명하지 못했다.

살펴보았던 수많은 기록들을 다시 생각해 보았다. 교사들은 엄청난 시간을 들여 학생에 관한 것들을 기록한다. 예를 들어, "잭은 이번 여름에 수학보충을 해야 한다." "로사는 책을 크게 읽는 연습이 필요하다." "크리스티나는 수업에 관심을 기울여야 한다." 혹은 "클락은 자주 숙제를 하지 않는다." 무의식적으로 혹시 교사들이 크리스의 단점만 파고 있는 것이 아닌가 하는 생각이 들었다.

혹시 크리스의 문제가 어떤 결점 때문이 아니라 다음과 같은 사실과 관련이 있는 것은 아닌가 생각하게 되었다: (1) 장점에 전혀 주의를 기울이지 않았다, (2) 크리스의 개인적 능력과 재능을 개발하려고 하지 않았다. "크리스의 흥미, 장점, 그리고 재능에 대한 서류기록은 어디 있는가?" 학교에서 13년을 보낸 이 학생의 가장 좋은 점을 어디서 찾아볼 수 있는가?

학교 시스템 내에서 이상의 크리스에 대한 사항을 찾아볼 곳이 없었다. 사실 어떻게 학교 시스템은 이와 같은 정보를 수집하고 개발하고 있는지 모른다. 학생 기록 파일의 정보에 좌우되는 사람들을 생각하였을 때 쓴 웃음을 짓게 되었다. 아마 교사들은 수백 년 동안 잘못된 성배(Holy Grail)를 드렸는지 모른다!

크리스에 대한 정보가 더 필요하게 되었고, 그것은 크리스를 통해서만 얻을 수 있는 것이다. 즉, 무엇에 흥미가 있는지 직접 크리스에게 물어볼 수밖에 없다. 크리스는 미국 전역에 얼기설기 다니는 철도와 철도 시스템에 대한 열정을 장장 15분 동안 설명했다. 어릴 적부터 장난감 기차를 가지고 놀았다고 들어왔기 때문에, 자신이 어떤 것에 흥미가 있는지 잘 알고 있었다. 어릴 적부터, 기차에 대한 것을 모두 읽었고 심지어 마을 도서관에서 자주 책을 빌리는 것으로 잘 알려지게 되었다. 크리스는 항상 기차에 관한 책을 선택하였다. 그의 부모님은 장난감 기차, 게임, 그리고 기차와 관련된 다른 것들도 사주었다. 중학교에 들어가서는, 기차에 대한 비디오를 구입해서 방과 후에 반복해서 보았다. 크리스의 부모님은 코네티컷 강가 다리 밑에 있는 지금은 폐쇄된 철도 교차지역에 크리스를 데리고 가 주셨다.

어떤 선생님에게든 자신의 흥미에 대해 이야기 한 적이 있는지 물어보았다. "아니요. 아무도 내가 어떤 것에 흥미가 있는지 물어보지 않았어요"라고 크리스는 대답했다. "몇 년 전, 제 형 앤드류가 5학년 담임 선생님께 제가 지역 기차에 흥미가 있다고 말한 적은 있어요. 앤드류가 선생님에게 혹시 제가 지역 교차역에 대하여 반 친구들에게 이야기를 할 수 있는지 물어봤어요. 그 때 선생님께서는 학교 오후 수업이 끝날 무렵 한 15분 동안 공개 발표를 할 수 있도록 해 주셨어요."

그리고 난 후, 수학성취와 왜 자주 수업 중에 조는지 크리스에게 물어보았다. "글쎄요. 미국의 철도에 대한 비디오를 늦게까지 보느라고 피곤했나 봐요. 아마 졸았을 거예요." "학교에서 어떻게 해 주었으면 좋겠니?" 하고 물어보니, "다리 아래에 있는 교차역에 대한 비디오를 만들고 싶어요, 기차가 들어갔다 나왔다, 그리고 기차를 운전하는 사람들에 대해서 말이에요"라고 크리스는 무엇을 하고 싶은지 잘 알고 있었다.

그 해, 크리스는 극본을 쓰고, 필름을 만들고 비디오를 편집하고 "Breaking Through"라는 제목을 붙였다. 학업에 대한 열의도 극적으로 증가하였다. 비록 크리스는 필름을 만들고 철도에서 일하는 사람들을 인터뷰하느라 수업을 놓치긴 했지만, 모든 필요한 공부를 보충했다. 그는 비디오를 지역 Chamber of Commerce and Connrail, 동부 철도 지역에 제출하였다. 학습에 대한 태도도 좋아져서 학점도 향상되었고, 후에 유명한 동부에 있는 대학에 입학하였다.

연방정부, 주 및 지역수준에서 변화를 유도하고자 대량의 기금을 조성하고 여러 재구조화 노력 및 학교 의사결정에도 불구하고, 학교를 향상해 보려는 노력은 예상대로 잘 되지 않는다. 본 지침은 훨씬 간단한 전제, 즉 학교는 내부에서부터 달라진다에 기초한다(Barth, 1990). 성공적인 학교에서는 먼저 학생이 변화 및 성공하게 되고, 학생이 성공하게 되면, 교사, 행정가, 그리고 교육위원들도 아울러 성공하게 된다.

어떻게 학생의 성공을 측정하는가? 일부 사람들의 주장에 의하면, 성공은 테스트 점수, 테스트 점수 증가, 그리고 완전히 기술을 학습하는 것이다. 그러나 본 지침은 이들 기준에 따라 성공을 측정하고자 주장하는 사람들과 달리 학생 성공을 어떤 연속선상에서 높은 교육목적을 경험하고 참여할 수 있는 기회로서 정의한다. 학생들의 차이점과 세상에서 필요한 기술들을 배울 수 있도록 보다 진보적인 내용과 심화된 교육활동을 제공해야 한다. 위에서 말한, 보다 높은 교육목적을 반영하는 학습활동에 참여할 기회를 학교는 제공해야 한다: 즉, 이상의 교육목적을 반영하는 학습활동에 학생들이 참여하는 것이 학교의 성공을 결정짓는 기준이다.

먼저 학생에 대해 알아야 한다. 학생을 알아야 한다는 뜻은 그들의 결점에 대한 정보를 얻어야 한다는 말이 아니다. 학생들이 무엇에 흥미가 있는가? 어떤 아이디어가 그들에게 동기부여를 하는가? 좋아하는 학습스타일은 무엇인가? 누구하고 할 때 가장 잘 하는가? 그들의 목표는 무엇인가? 등을 말한다. 이와 같이 학생을 알고자 하면 먼저, 종합재능 기록표(Total Talent Portfolio; TTP)라고 하는 문서에 기록을 하면서 시작할 수 있다. 종합재능 기록표에 기록한 정보를 통해, 학생에 대해 알고 있는 바대로 격려하고, 발전시킬 수 있는 교육적 기회를 계획할 수 있다.

종합재능 기록표(Total Talent Portfolio) 정의

종합재능 기록표는 학교전체심화모델(The Schoolwide Enrichment Model)의 한 구성요소로서, 한 폴더 안에 학생의 장점과 능력에 대한 정보를 수집하고 기록하는 체계적인 방법이다. 종합재능 기록표의 목적은 교사, 학생, 그리고 부모를 돕는 것이다.

1. **수집**(Collect). 학생의 강점을 보여주는 여러 유형의 정보를 수집하고 정규적으로 업데이트 한다([도표 1]과 같이 종합재능 기록표에 학생의 주요 재능을 한 눈에 들어오게 나타내었다).
2. **분류**(Classify). 수집한 정보를 능력, 흥미, 선호하는 학습 스타일, 매우 특출한 학생작품 및 학생 재능과 관련된 자료 등으로 분류한다.
3. **검토**(Review). 정규적으로 종합재능 기록표의 정보를 검토한다.
4. **분석**(Analyze). 각 학생의 독특한 재능 파일과 교육적, 개인적 목표, 그리고 진로 등을 분석한다.
5. **결정**(Decide). 학생의 재능과 능력을 개발할 심화와 속진방안을 결정한다. 교사, 학생 및 부모가 함께 가장 적절한 심화와 속진에 대한 결정을 내린다.

이상의 학생 정보를 기록할 때 다음의 두 가지 질문을 해 볼 수 있다: 우리 학교에서 학생에 대해 가장 잘 알 수 있는 것은 어떤 것인가? 교사는 이와 같은 정보를 이용하기 위해 무엇을 할 수 있는가?

능 력	흥 미	선호하는 스타일			
최고 성취 지표들	흥미영역	선호하는 교수스타일	선호하는 학습환경	선호하는 사고스타일	선호하는 표현스타일
테스트 • 표준화된 테스트 • 교사가 만든 테스트 교과 성적 교사평정 **산출물 평가** • 문어식 • 구어식 • 음악적 • 구조적 (주의: 부과된 것과 자기가 선택한 산출물 간의 차이를 구분한다.) **학습활동의 참여 수준** **다른 사람과의 상호작용 정도**	순수예술 공예 문학 역사 수학/논리 물리학 정치학/법학 운동학/레크리에이션 시장/비지니즈 드라마/무용 음악무대공연 음악 작곡 경영/비지니즈 사진학 영화/비디오 컴퓨터 기타(특수 영역)	상술 및 연습 또래 교수 강의 강의/토론 토론 도움이 있는 독립학습* 학습/흥미 센터 시뮬레이션, 역할 놀이, 드라마, 지침이 있는 상상 학습 게임 연구 보고서 혹은 프로젝트* 기존의 보고서나 프로젝트 재연* 도움 없이 하는 독립학습* 인턴십* 견습*	**개인 내/개인 간** • 자기-지향적인 • 또래-지향적인 • 성인-지향적인 • 결합적인 **물리적인** • 소리 • 열 • 디자인 • 움직임 • 하루 중 시간 • 음식 섭취 • 좌석	분석적 (school smart: 학교 공부를 잘 하는) 종합적/창의적 (창의적, 발명적) 실제적/맥락적 (street smart: 실제 상황에 대처를 잘 하는) 실행적 판단적	문어식 구어식 토론 전시 극화 그래픽 상업적 서비스
참고: 일반적 테스트와 측정 문헌들	**참고**: Renzulli, 1997b	**참고**: Renzulli & Smith, 1978 * 사사(mentor)의 유무	**참고**: Amabile, 1983; Dunn, Dunn, & Price, 1977; Gardner, 1983	**참고**: Sternberg, 1984, 1988a, 1990	**참고**: Renzulli & Reis, 1985

[도표 1] 재능지표들.

학교전체 심화모델

종합재능 기록표는 학교 재구조화를 위한 학교전체 심화모델(SEM)의 한 구성요소로서, 실제 연구에 기초하여 개발되었다. 비록 종합재능 기록표의 계획이 본래 영재 프로그램에서 출발하였지만, 그 주요 목적은 다양한 학교상황에 따라, 각 학생에 대한 교육목표를 보다 높게 증진하는데 있다. 본 모델은 높은 성취를 보이는 학생을 위한 기존의 서비스를 다른 것으로 대체, 축소하고, 현재 진행중인 개혁 노력을 대신하려고 하는 것이 아니다. 오히려, 기존의 교육활동을 증진하고 심화 전문가의 역할을 확대하여 모든 학생의 성장을 돕는 것이다. 학교전체 심화모델은 교사들에게 다음과 같은 것을 제공한다.

- 체계적으로 학생의 강점을 평가함으로써, 잠재적인 재능을 개발한다; 심화, 학습자료 및 서비스를 제공한다.
- 학생의 강점을 개발하기 위해 차별화된 교육과정(curriculum differentiation)을 실시하고, 학교수업 시간을 배정하기 위해 융통적인 접근법을 사용한다.
- 정규교육과정 모든 영역에서 학업성취를 증진하고, 표준 교육과정활동과 의미 있는 주요 심화활동을 혼합, 적용한다.
- 교육과정 지도자와 교사교육, 프로그램 개발 등의 분야에서 교사의 전문성을 계속적, 반성적으로 신장한다.
- 인종, 성, 그리고 문화적 다양성을 고려한 학습 지역사회를 만들고 상호존중, 민주적 원리 및 지구 자원 보존을 도모한다.
- 협동적인 학교 문화를 만들어, 학생, 부모, 교사 및 행정가를 위한 적절한 의사결정 기회를 마련한다.

[도표 2]에서 볼 수 있듯이, SEM은 3개의 서로 상호작용하는 차원으

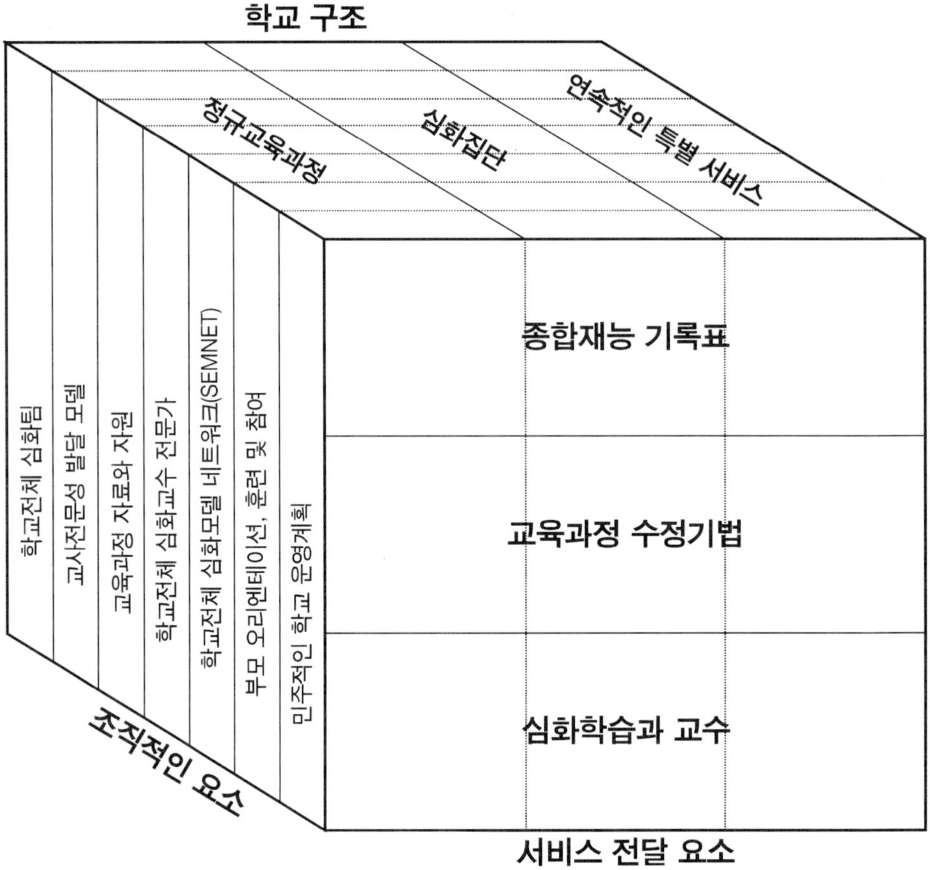

[도표 2] 학교전체 심화모델.

로 구성된다. 조직적 요인(organizational components)과 서비스 전달(service delivery components)의 2개 요인은 학교구조(school structures)를 나타내는 세 번째 요인에 영향을 미친다. 학교구조는 정규교육과정; 심화집단(enrichment cluster); 특별 심화 선택안 및 상위 목표를 지향하는 연속적인 특별 서비스 등으로 구성된다. 조직적 요인은 교사훈련 자료, 심화자료 데이터베이스와 교사 상호작용과 팀워크를 강화하는 절차 등에 대한 자료를 제공한다.

서비스 전달요인은 학생에게 서비스를 제공하는 모델의 가장 중요한 부분이다. 서비스 전달요인은 다음과 같은 것을 포함한다: 종합재능 기록표, 교육과정 수정 기술 및 심화 학습과 교수.

교육과정 수정기술은 SEM의 두 번째 요소로서 다중메뉴모델 (Multiple Menu Model), 교육과정압축(Curriculum Compacting)과 여러 교과과정 수정방법들을 포함하며, 교사들로 하여금 모든 학생들의 교육 수준을 증진하도록 돕기 위해 개발되었다. 다중메뉴모델은 학과목의 구조와 연구방법을 조직함은 물론 여러 내용영역을 통합하고, 대표적인 개념, 주제, 패턴에 초점을 둔다. 교육과정압축은 쉽게 사용할 수 있는 교육과정 차별화과정으로, 필수 학과목에 대한 완전학습 정도를 평가하고, 학생이 이미 알고 있는 것을 제거하고, 보다 도전적인 학습활동으로 대체하기 위해 개발되었다(Reis, Burns, & Renzulli, 1992; Renzulli, 1977; Renzulli, 1988; Renzulli & Reis, 1997).

심화학습과 교수는 학교전체 심화모델의 세 번째 서비스 전달요인으로서, 학생들이 학습활동에 적극적으로 참여하도록 하는 일련의 방법들로 구성되어 있다. 심화학습과 교수는 다음의 네 가지 원리에 기초한다: (1) 학습자마다 독특한 흥미, 능력, 그리고 학습스타일을 가진다; (2) 학습은 학생들이 하고 싶은 것을 할 때 확대된다; (3) 학습맥락이 실제적일 때, 학습은 의미가 있다; (4) 교사보다 학생주도의 학습에 초점을 맞출 때, 학습은 가장 효과적이다.

심화집단(Enrichment cluster)은 심화학습과 교수의 한 예로서, 학년에 상관없이 공통적인 흥미를 가진 학생들이 심화집단을 구성하여 정규 학기 중 특별한 시간 동안 함께 활동한다. 심화집단 활동을 실시하는데 지침이 되는 세 가지 핵심적인 질문이 있다:

- 사람들은 이 영역의 어떤 것에 흥미를 가지는가?—예, 영화 만들

기.

- 이 영역에서 진짜 작품이나 서비스를 완수하기 위해서는 어떤 지식과 자료가 필요한가?
- 의도한 청중에게 영향을 주기 위해 산출물과 서비스를 어떤 방식으로 사용할 것인가?

여러 학생을 대상으로 심화집단에 대한 연구와 현장검증을 실시한 결과는 긍정적이었다(Reis, Gentry, & Park, 1996). 심화집단은 본서 제4부에서 보다 자세히 기술할 것이다.

3부 심화모델(Enrichment Triad Model; Renzulli, 1977)의 1부(Type I), 2부(Type II)와 3부(Type III) 심화 활동들은 또 다른 심화학습과 교수의 예이다. 정규교육과정에 투입하여, 이들 세 가지 교육활동을 함으로써 여러 학습과정을 제공할 수 있다. 1부 심화 경험은 일반적인 탐색 활동이며, 2부 심화는 집단훈련 활동이고, 3부 심화는 학생 스스로 선택하고 실제 조사하는 연구활동이다. 이들 활동들은 본서 제3부에서 살펴볼 것이며 『*The Enrichment Triad Model*』이라는 책에서 더 자세히 기술하였다(Renzulli, 1977).

개관

제2부에서 제6부까지의 내용은 종합재능 기록표(Total Talent Portfolio)를 사용하여 학생의 흥미와 그들의 산출물을 확인, 기록하며, 상위 교육목표 학습기회를 계획할 수 있도록 개별적으로 전개하였다. 제2부에서 제4부는 학생 재능에 대한 정보를 수집하는 방법을 소개하였다. 특히, 제2부는 이미 학생들에 대해서 알고 있는 것과 관련된 내용이다. 제3부는 학생과 환경의 상호작용 결과로서 교사들이 알게 되는 새로운 정보를 다룬다. 본 책은 종합재능 기록표에 새로운 정보를 기

록하는 기술뿐 아니라 학생의 흥미를 살펴볼 때 사용할 수 있는 양식도 포함하였다. 제4부는 학생능력과 재능개발을 위해서 학생과 부모를 참여시켜 실시하는 대화의 필요성을 언급한다. 제5부와 제6부는 어떻게 교사가 종합재능 기록표에 있는 정보를 사용하여, 학생의 능력과 강점을 개발할지 설명한다.

부록 A에서 E까지는 각 학군마다 종합재능 기록표를 실시할 수 있도록 실제적 양식과 보충자료를 제시하였다. 부록 F는 전국에서 학군들이 만들어 실시 및 현장 검증한 여러 종합재능 기록표를 소개하였다.

여러 종합재능 기록표의 버전이 있으며 보다 많은 종합재능 기록표 버전이 있다는 것은 바람직한 것이다. 학군마다 새롭게 사용하는 종합재능 기록표가 있다면 서로 공유할 수 있길 바란다.

그렇게 오랫동안 개발하여 현장검증을 실시한 방법을 사용하도록 권장하는 이유는 무엇인가? 학군마다 독특한 학생특징과 교육과정에 맞는 종합재능 기록표를 만들 재량이 있어야 한다. 학생의 재능, 능력 및 교육과정이 서로 부합되고 교육실제자들이 창의적으로 학생들에게 종합재능 기록표를 실시할 수 있을 때 학생의 재능을 개발할 수 있다. 그러므로 여기서 제기한 개념들과 아이디어를 적용하고, 학교실정에 맞게 수정하여 사용하길 바란다.

제 2 부

돕고 싶다면, 그들이 앞으로 되어야 할 바대로 대해 주어라. 그러면 그대로 될 것이다.

—Goethe

현재 상태에 대한 정보: 학생에 대해 이미 알고 있는 것

엔디아

엔디아는 활동적이며 낙관적인 5학년 학생으로 대도시에 있는 학교에 다닌다. 학업성적을 볼 때, 저학년에서 학업적으로 어려움을 겪었는데 그것은 아파서 학교를 자주 결석했기 때문이다. 반복적인 매일의 숙제에도 불구하고, 엔디아의 학습에 대한 열정은 식지 않았다. 학교에서 흥미 있는 것이 무엇이냐고 질문했을 때, 역사와 단편 이야기 쓰는 것이 재미있다고 했다. 엔디아는 자유시간을 이용하여, 역사적 허구소설을 읽고 역사적으로 중요한 인물에 대한 희곡과 이야기를 썼다. 엔디아의 꿈은 History in the past and in the making이라는, 세상을 보다 좋은 곳으로 만들었던 흑인들에 대한 책을 쓰는 것이다.

역사에 대한 열정에 대해서 다음과 같이 말한다. "나는 마르틴 루터 킹과 해리어트 튜브만 같이 인류에 기여한 사람에 대해 배우고 싶어요. 만약 이런 사람들이 없으면 세상이 어떻게 되었을까 생각하곤 해요. 과거로 가서 여전히 노예가 있다고 생각해 봐요. 만약 이 사람들이 태어나지 않았으면, 아마도 세상은 달라져 있겠지요. 나는 세상의 여느 것과 다른 교과서를 써서, 이들 위인들처럼 기여하는 생각을 하곤 해요. 나는 이 사람들의 기여점을 이야기하고 우리가 쓰고 있는 교과서에 수록되어 있지 않는 것에 대해 질문하고 싶어요."

종합재능기록표의 현재 상태에 대한 정보(Status Information)란 학생에 대해 이미 알고 있는 것을 기록하는 것이다. 학생의 강점을 보여주는 중요한 단서 및 자료와 이 자료를 기록하는 방법을 제시하는 것이다.

학습강점은 재능지표이며, 여러 가지 방식으로 나타낼 수 있다. 학습강점을 보여주는 가장 일반적인 자료는 능력, 흥미와 학습스타일이다(Dunn & Dunn, 1992, 1993; McCarthy, 1990; Renzulli & Smith, 1978; Sternberg, 1988a, 1988b).

능력

능력은 특별한 내용영역에 대한 재능과 태도를 말한다. 전통적으로 네 가지 내용영역–언어와 문학, 사회학 연구와 역사, 수학 및 과학–이 있다. 그러나 학생의 강점은 직업적인 예술, 시각적 무대 공연예술, 컴퓨터 과학, 기술 등과 같은 덜 전통적인 분야에서도 나타난다.

학생능력에 대한 정보를 여러 곳에서 찾아낼 수 있으나, 가장 쉬운 방법은 기존의 학교기록, 즉 성적표나 태도, 테스트 점수 등을 살펴보는 것이다. 엔디아의 옛날 성적표를 보면, 과학, 사회과학, 음악영역에서 강점을 보인다. 이 자료에 기초하여, 엔디아가 이 영역에서 재능을 보인다고 결론을 내릴 수 있다.

종합재능 기록표의 현재 상태 정보섹션에 엔디아의 재능을 쉽게 기록할 수 있다. [도표 3]에서 볼 수 있듯이, 적절한 내용영역과 학년 수준에 체크(✔) 표시를 한다. 이 표시는 특정영역에서 볼 수 있는 엔디아의 능력을 나타낸다. 사회학과 과학에서 많은 체크표시를 받았으므로, 엔디아는 이 영역에서 강점이 있음을 알 수 있다.

표준화된 테스트 점수와 주에서 위임한 테스트를 통해서도 학생의

능력	K	1	2	3	4	5
학년 (가장 강점을 보이는 영역):						
읽기						
언어예술						
수학						
사회학	✔		✔	✔	✔	✔
과학	✔		✔	✔	✔	✔
미술						
음악					✔	✔
신체 교육						
기타:						
표준화된 테스트:						
코네티컷 마스터리 테스트						
작문					✔	

[도표 3] 엔디아의 종합재능 기록표 능력 섹션.

특정 내용영역에서 획득한 지식과 사고능력 등 부가적인 강점에 대한 정보를 얻을 수 있다. 엔디아는 주에서 위임한 작문 테스트에서 상위 퍼센타일 점수를 얻었고, 이는 작문에 대한 잠재적인 태도를 보여주는 것이다. 보다 폭넓게 학생의 강점을 나타내는 지표를 찾아볼 수 있도록 표준화된 테스트의 상위 25% 점수를 잠재적 재능을 나타내는 지표로서 사용할 것을 추천하는 바이다.

학생의 강점에 중점을 둔 표준화된 테스트를 종합재능 기록표에 적고, 여분의 공간을 만들어 체크 표시와 학생의 점수를 기록한다. 엔디아의 표준화된 테스트 결과는 종합재능 기록표의 예시에서 제시하였다.

SRBCSS

동기, 창의성 및 지도성과 같은 재능지표도 학생의 능력과 밀접한 관계가 있다. 이들 재능영역을 평가하기 위해 개발한 영재행동 평정척도(*Scales for Rating the Behavioral Characteristics of Superior Students*: SRBCSS, Renzulli et al., 1997)를 살펴보기로 하자. SRBCSS는 10개의 척도로 구성되어 있으며, 각 척도는 학습(Learning), 리더십(Leadership), 창의성(Creativity), 동기(Motivation), 미술(Art), 음악(Music), 드라마적 태도(Dramatic Aptitude), 의사소통[Communication: 정확성(Precision)과 표현(Expression)], 그리고 계획(Planning) 등 재능과 관련된 영역을 평가한다. 각 척도는 행동 평가척도로서 교사는 학생의 독특한 능력을 쉽고 효과적으로 파악할 수 있다. 이들 평정척도 점수를 기존의 종합재능 기록표의 표준화된 테스트 제목 밑에 기록한다. 학군에서 폭넓게 SRBCSS의 결과를 사용할 수 있도록 여분의 영역을 마련하고 종합재능 기록표를 실정에 맞추어 사용한다.

흥미

철학자이며 교육자인, 존 듀이(John Dewey)는 흥미를 다음과 같이 정의하였다. "흥미가 있다는 것은 어딘가에 푹 빠져서 몰두하는 것이다. … 어딘가에 흥미가 있는 사람은 자신을 잃어버리고 그 흥미 있는 것에서 자신을 발견한다(Dewey, 1916, p. 126). 3부 심화모델(Renzulli, 1977)과 *Interest-A-Lyzer*(Renzulli, 1977, 1997)는 듀이의 철학과 흥미의 중요성을 반영한다.

종합재능 기록표의 핵심은 바로 홍미이며 재능은 자연스럽게 홍미 영역에서 흘러나온다. 모든 교육이 학생의 홍미에 집중될 수 없지만, 학습기회의 주요 부분을 홍미에 초점을 두고 실제 생활에서 창의적인 생산성을 격려하고 개발해야 한다.

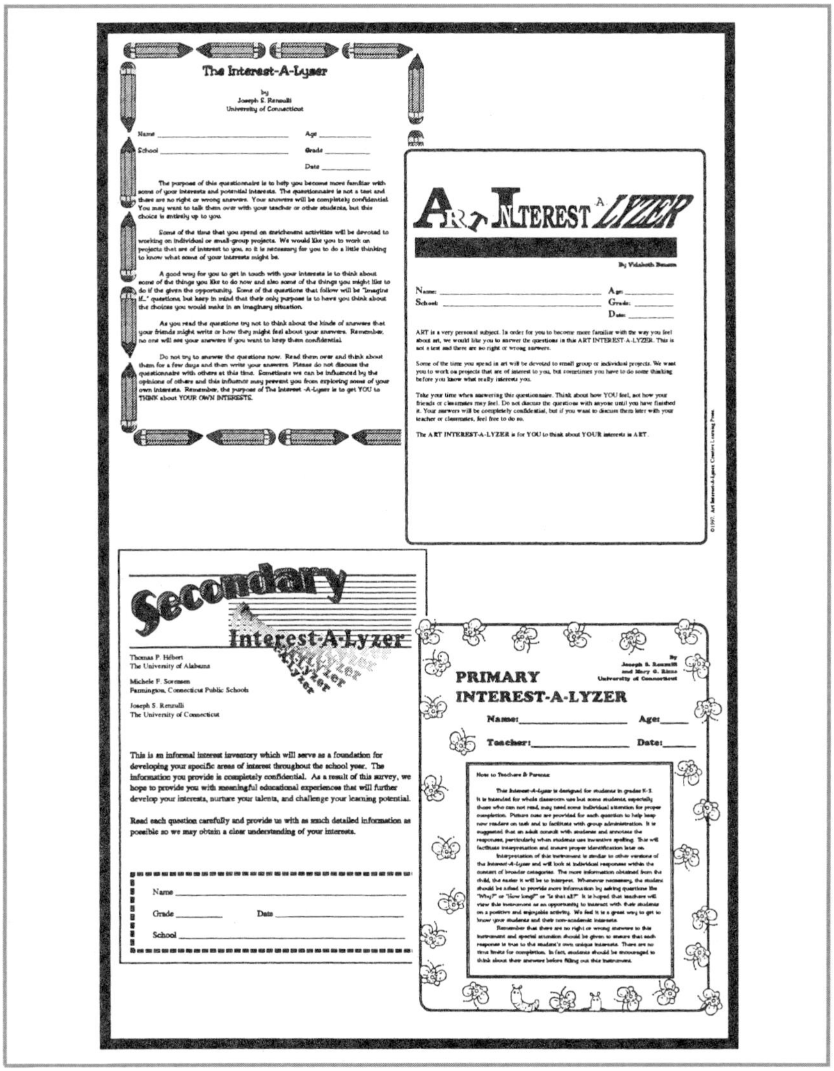

[도표 4] Interest–A–Lyzer 예.

Interest-A-Lyzer

Interest-A-Lyzer(Renzulli, 1977, 1997)와 후속 도구들(Bensen, 1996; Burns, 1990; McGreevey, 1982; Purcell & Siegle, 1995)은 학생의 일반적인 흥미와 특별한 영역의 흥미를 알아볼 수 있는 질문들로 구성되어 있다([도표 4] 참고－*Interest-A-Lyzer*의 예는 부록 B에 수록). 교사들을 격려하여 각 도구를 학기 초에 실시하여 학생의 흥미와 그 경향을 파악하도록 한다.

흥미에 기초한 활동과 토론

교사는 흥미도구의 목적에 대해 설명하고 개별, 소집단 혹은 전체 교실의 흥미를 중심으로 전개할 학습방법에 대해 이야기 한다. 교사는 간단히 학생들을 만나 흥미도구에 대해 개방식으로 질문하고 그 반응에 대해서 이야기를 나눈다. 직접 질문을 하고 예비 기록을 함으로써, 더 많고 정확한 정보를 얻음은 물론, 생각하고 대답할 시간을 줄 수 있다. 이야기를 나누는 동안, 교사는 어떤 특정영역에 대해 흥미가 있는지 질문할 수 있을 뿐 아니라 질문지에 대한 학생의 반응도 이야기 할 수 있다.

홍미평가과정의 다음 단계는 학생 반응에서 나타나는 학생의 흥미 패턴을 살펴보는 것이다. *Interest-A-Lyzer*를 통해, 교사는 도구 전체에서 볼 수 있는 일반적인 흥미를 파악함으로써 "큰 상(Big picture)"을 형성할 수 있다. 도구의 일반적인 흥미영역은 다음과 같다: 무대 공연 예술, 창의적인 작문과 저널리즘, 수학, 비지니즈/경영, 운동, 역사, 사회 운동, 순수예술과 공예 및 기술. [도표 5]는 일반적인 흥미와 그에 따른 활동에 대한 것이다.

일반적인 흥미영역을 특징짓는 선호 및 관심

 무대공연예술	음악, 무용, 판토마임, 연극 등을 통해 표현하는 것을 좋아한다.
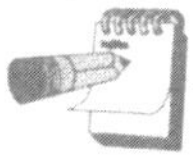 창의적인 작문과 저널리즘	문어적인 단어, 상상, 시, 산문 및 새로운 사건 등을 기록하는 것을 좋아한다.
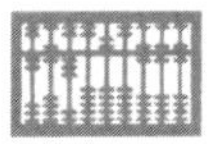 수학	수, 문제, 패턴 및 논리(예: 컴퓨터, 논리 퍼즐, 낱말 문제) 등을 갖고 활동하는 것을 좋아한다.
 비지니스/경영	돈을 벌고, 기업체를 경영하는데 관심이 있다: 사람들을 다루는 연극 디렉터, 학교 상점 경영자와 연감 편집자와 같은 리더의 역할을 좋아한다.
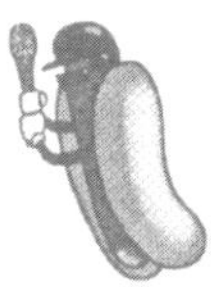 운동	신체적인 활동, 예로 운동선수, 다이어트, 영양, 물리치료사 및 운동 의학을 좋아한다.
 역사	전쟁, 유명한 역사적 인물, 골동품, 옛날 사진, 빙하기, 그리고 구전 역사 등 과거에 관심이 있다.
 사회활동	법, 도덕 혹은 철학적 문제에 관심이 있다(예: 여성의 권리, 에이즈 희생자, 동물보호 및 환경 문제 등).
 순수예술과 공예	색깔, 질감 혹은 배치에 관심이 있다: 직물, 보석, 패션 디자이너 같은 예술품; 무대 및 의상 디자이너, 그래픽물, 사진과 가구 디자인에 몰두하는 것을 좋아한다.
 과학	실험, 생물학, 화학 및 지질학과 같은 여러 과학영역에 집중하는 것을 좋아한다.
 기술	컴퓨터, 혁명, 다중매체 및 통신 등을 선호한다.

[도표 5] 일반적인 흥미영역.

일반적인 흥미와 특별한 흥미를 종합재능 기록표에 기록하기

흥미평가과정의 마지막 단계는 흥미영역을 종합재능 기록표에 기록하는 것이다. *Interest-A-Lyzer*에서 도출된 일반적인 흥미와 특별한 흥미를 종합재능 기록표에 전환하여 기록한다. 일반적인 흥미는 일반적인 흥미영역(예: 순수예술, 수학) 열과 행(년도)에 체크 표시한다. 특별한 흥미영역은 다른 여분의 공간에 표시한다. 엔디아의 종합재능 기록표 흥미영역에 대한 기록은 [도표 6]이다.

일반적인 흥미와 특별한 흥미에 대해서 두 가지 중요한 문제가 있다. 첫째, 학생들은 대개 여러 영역에서 흥미를 보인다. *Interest-A-Lyzer*를 보면, 엔디아는 과학, 역사, 그리고 사회활동의 일반 영역에서 흥미를 갖고 있다. 둘째, 학생의 흥미는 시간에 따라 변한다. 중요한 것은 교사가 주기적으로 흥미를 평가하고 새로운 흥미가 학생에게 생기면 종합재능 기록표에 기록한다.

선호하는 스타일

학생이 선호하는 교수스타일, 학습환경, 사고스타일 및 표현스타일, 산출물스타일을 종합재능 기록표의 선호하는 스타일 섹션에 적는다. 각 선호하는 것에 대한 간단한 설명을 아래에 제시하여, 선호하는 것을 종합재능 기록표에 어떻게 기록할지 설명하였다. 엔디아의 선호하는 스타일에 대한 예는 [도표 6]에 있다.

선호하는 교수스타일

교수스타일은 교사가 학생을 가르칠 때 사용하는 책략을 말한다. 많은 교수스타일이 있으며 빠르게 그 기술이 컴퓨터 및 의사소통 분야 등에

종합재능 기록표-현재 상태를 나타내는 정보

능력	K	1	2	3	4	5
학년(강점을 보이는 영역)						
읽기						
언어예술						
수학						
사회학	✔		✔	✔	✔	✔
과학	✔		✔	✔	✔	✔
미술						
음악					✔	✔
신체 교육						
기타:						
표준화된 테스트:						
코네티컷						
마스터리 테스트						
작문					✔	
흥미						
일반적인 영역:						
무대공연예술						
창의적인 작문과 저널리즘						
수학						
비지니즈와 경영						
운동						
역사	✔		✔	✔	✔	✔
사회활동					✔	✔
순수예술과 공예						
과학	✔		✔	✔	✔	✔
기술						
기타						
______						
______						
______						

특별한 흥미:

음악

전기문 읽기

단편 이야기 쓰기

선호하는 스타일	K	1	2	3	4	5
선호하는 교수스타일						
토론					✔	✔
강의						
학습게임	✔		✔	✔	✔	✔
매체를 이용한 상호학습						
시뮬레이션						
독립연구	✔		✔	✔	✔	✔
또래교수						
학습센터						
사사제도						
기타:						
______						
______						
______						
______						
선호하는 학습환경						
자기-지향적						
또래-지향적			✔	✔	✔	✔
성인-지향적			✔	✔	✔	✔
결합된						
기타:						
선호하는 사고스타일						
입법적 (창의적)			✔	✔	✔	✔
행정적 (실행적)						
사법적 (평가적)			✔	✔	✔	✔
기타:						
______						
선호하는 표현스타일						
문어식				✔	✔	✔
구어식					✔	✔
조작적						
예술적						
전시/무대 공연					✔	✔
드라마화				✔	✔	✔
서비스/리더십						
대중매체						
기타:						
______						

[도표 6] 엔디아의 종합재능 기록표.

서 변화하면서 수많은 교수책략이 생기고 있다. 종합재능 기록표에 대한 일반적인 틀을 제공할 목적으로 다음의 9개 교수책략을 간단히 기술할 것이다.

강의(Lecture)는 많은 학생을 대상으로 구두로 정보를 제시하는 것이다.

토론(Discussion)은 교사와 학생 사이의 상호작용이 특징이며 학생들은 어떤 사실에 대해 토론함으로써 그 문제나 주제에 대해 생각한다.

또래 교수(Peer Tutoring)는 학생들 간의 상호작용으로 어떤 특정 내용을 알고 있는 학생이 튜터가 되고 완전히 개념이나 주제를 이해하지 못하는 학생이 튜터를 받는다. 이 방법은 특별한 교육과정 목적을 이해하도록 돕는다.

학습/흥미 센터(Learning/Interest Centers)는 매우 흥미로운 자료를 어떤 특정 주제(예: 바다, 발명, 예술사)나 개념(측정, 분류)에 따라 수집하는 것을 말한다. 따라서 다양한 학습과제를 학생 개인별 혹은 소집단으로 실시할 수 있다.

학습 게임(Learning Games)은 학생들이 즐거워하는 활동으로 교사는 학생들이 배워야 한다고 생각하는 내용을 중심으로 구성한다. 이들 활동들은 개별, 소집단 혹은 전체학급을 대상으로 실시할 수 있다. 학습 게임은 맞춤법, 지리학 대회, 낱말게임 등 다양하다.

전자매체를 이용한 상호학습(Interactive Electronic Learning)은 컴퓨터 소프트웨어, 비디오, CD 롬과 원거리 학습 등을 포함한다. 교사는 이들 매체를 사용하여 교육과정의 단원을 도입, 보충하여 보다 능력 있는 학생을 위한 확장 활동으로서 사용할 수 있으며, 부가적인 학습이 필요한 학생에게는 비계(scaffolding)로서 사용할 수 있다.

시뮬레이션(Simulations)은 소집단이나 전체학급에서 역할놀이를 통해 학습내용과 기술을 배우도록 기회를 제공한다. 시뮬레이션은 실제 문제에 기초하여 상대방이 다음에 어떻게 움직일지 생각하고 결정을 내리는 활동이다. 소프트웨어나 CD 롬을 통해 이 방법을 사용할 때, 교사는 촉진자로서의 역할을 한다. Tom Snyder와 캘리포니아 Interact가 만든 시뮬레이션 의사결정 시리즈물은 훌륭한 자료들[1]이다.

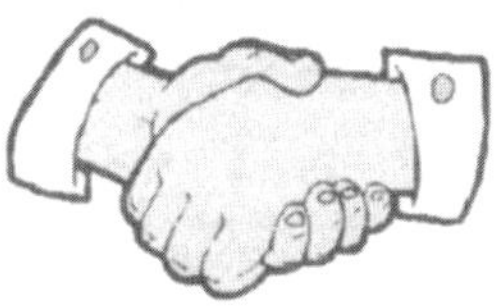

사사제(Mentorships)는 주의 깊게 학생과 전문가를 연결하여 주는 것으로 어떤 특정 내용영역에서 흥미와 전문적인 지식을 갖추고 있는 사사가 학생과 함께 활동한다는 점이 그 특징이다. 학생은 대개 전문성, 통찰력 및 격려를 제공해주는 사사와 함께 프로젝트를 개발한다.

독립 연구(Independent Studies)는 소집단이나 개인적으로 선택한 주제를 연구하는 것이다. 교사 및 다른 성인들은 학생의 활동을 격려하

1) *Tom Snyder Production* (80 Coolidge Hill Road, Watertown, MA 02171-2817). Interact (1825 Gillespie Way # 101, El Cajon, CA 92020).

여 실험, 비디오 제작, 서비스 혹은 구두로 제시하는 것 같은 산출물 유형을 만들어 내도록 한다.

학생들에게 학습기회를 만들어 주기 위해 교사는 다양한 교수책략을 사용한다. 이들 교수책략은 학생 참여 면에서 낮은 수준에서 높은 수준까지 연속적이다. 예를 들어, 강의는 연속선상에서 학생참여가 낮은 쪽에 있는 방법이고 독립연구는 그 반대쪽에 놓이는 방법이다. 토론과 시뮬레이션 같은 교수책략은 연속선상 중간에 놓인다.

교수책략을 연속선상에 배열해 봄으로써, 적극적으로 활동하는 학생도 있고 그렇지 못한 학생도 있음을 파악할 수 있다. [도표 7]에서 볼 수 있는 단계를 통해, 학생이 선호하는 교수스타일을 파악할 수 있다. [도표 7] 중 *표시가 있는 교수책략만을 살펴본 것이다.

교사는 학생이 선호하는 교수스타일에 대한 정보를 두 가지 방식에서 사용할 수 있다. 첫째, 교사는 종합재능 기록표 중 현재 상태에 대한 정보를 기록하는 곳에 학생이 선호하는 교수책략을 기입한다. 현재 상태 정보의 위 오른쪽 난에 이들 책략들이 있다. 본 TTP에서는 몇 가지 교수책략만을 예제로 제시하였다. 학군마다 학교에서 가장 자주 사용하는 방법을 살펴볼 때 이 섹션을 조절하여 적용하고자 할 것이다. 적절한 줄(선호하는 교수)과 칸(학년)에 체크 표시를 하여 학생이 선호하는 교수책략 프로파일을 만든다. 둘째, 교사는 학생이 선호하는 교수책략에 대한 정보를 사용하여 후속 학습경험을 구성한다. 개별 혹은 소집단 학생이 선호하는 교수스타일과 실제 교수책략이 서로 부합하도록 함으로써, 교사는 학습을 극대화하고 학생의 학습과정상의 즐거움을 증가시킬 수 있다.

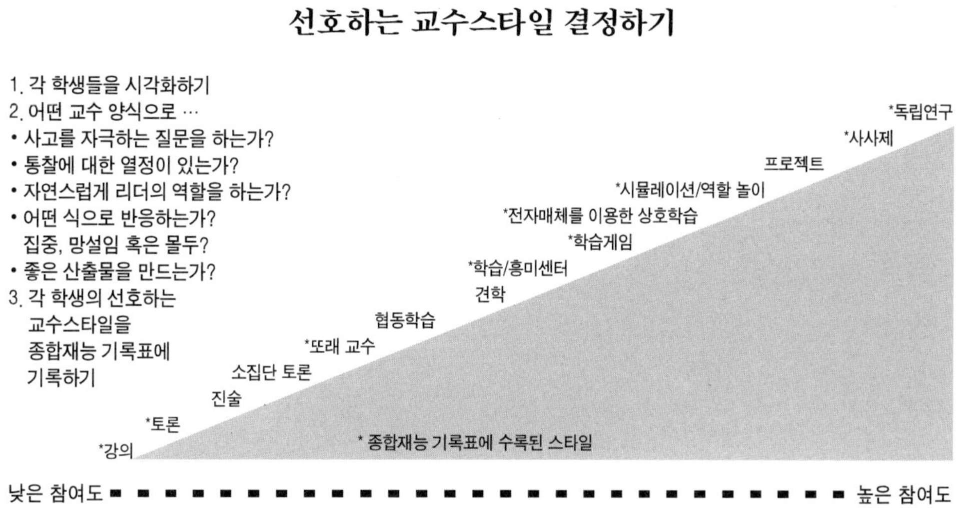

[도표 7] 연속선상에서 본 선호하는 교수스타일.

물론 어떤 특정한 방식으로 예를 들어, 강의로 학습 내용을 가장 잘 가르칠 경우엔, 학생들이 선호하는 교수책략을 항상 존중할 순 없다. 그러나 되도록 개별 학생과 소집단이 선호하는 스타일을 고려하여 교수시간을 구조화한다. 둘째, 학생들이 발달하고 성숙함에 따라 선호하는 것도 달라지기 때문에, 학생이 선호하는 것을 계속적으로 파악하고 기록하는 것이 중요하다.

선호하는 학습환경

선호하는 집단 패턴은 종합재능 기록표의 현재 상태 정보섹션에 포함할 또 다른 재능 지표이다. 교사는 학생들이 혼자, 둘, 팀으로 혹은 어른과 같이 활동하는 것을 선호하는지 파악해야 한다. 교사는 각 학생을 머릿속에 떠올려, 다음과 같은 질문을 해야 한다: 수업 중 학생들이 좋아하는 집단배치(개인, 또래집단, 성인과의 상호작용, 여러 개가 결합된 형태)의 선택권을 언제 주었나? 종합재능 기록표의 줄(집단배치)과 칸(학년수준)에 학생들이 선호하는 것을 체크 표시한다.

선호하는 사고스타일

사고기술에 대한 아티클과 책들은 많지만, 사고 스타일에 대한 것은 드물다. 사고스타일에 대한 이미지는 로뎅의 ≪생각하는 사람≫에서 가장 잘 찾아볼 수 있다. 분명히 로뎅의 생각하는 사람은 오른쪽 팔꿈치를 오른쪽 무릎이 아니라 왼쪽 무릎 위에 올려놓고 있다. 로뎅의 작품은 바로 사고는 예술적인 내적 과정으로서 어떤 특별한 자세나 스타일을 반영하고 있음을 보여준다.

스턴버그(1988a, 1988b)의 정의에 따르면, 사고스타일은 사람들이 자신의 지능을 나타내는 방식으로서(Sternberg, 1988a, p. 138), 세 가지 서로 구별되는 사고스타일이 있다: 입법적(Legislative), 행정적(Exe- cutive), 그리고 사법적(Judicial) 사고스타일. [도표 8]은 세 가지 사고 스타일을 잘 보여준다.

교사는 일상적인 상황에서 학생의 사고스타일이 나타나는 방식을 관찰한다. 만일 학생이 입법적 사고스타일을 가진다면, 계획을 하거나 무엇인가를 교실이나 집에서 디자인하고 만들려고 한다. 이 학생은 스스로 규칙과 게임 만드는 것을 좋아한다: 집안일을 하는데 새로운 계획을 세우고, 할로윈 의상과 감사카드를 만들고, 새로운 이야기, 단편 혹은 시를 짓고; 음식을 준비하고 대접하는 새로운 방식을 만들고; 과학실험을 고안하고; 지역사회를 돕는 프로젝트를 계획하고; 새로운 비지니즈 구상 혹은 조각을 만드는 등. 간단히 말해서, 입법적 사고자는 계획, 안무, 디자인, 만들기, 작곡, 발명, 만화, 고안, 개발 및 글짓기를 좋아한다.

스턴버그의 사고스타일

입법적 (Legislative)	행정적 (Executive)	사법적 (Judicial)
디자인(Design)	촉진하기(Facilitate)	평가하기(Evaluate)
만들기(Create)	단순화하기(Simplify)	견적내기(Appraise)
안무(Choreograph)	해석하기(Interpret)	책임부과하기(Weigh)
작곡(Compose)	도와주기(Help)	사정하기(Assess)
발명(Invent)	구체화하기(Specify)	결정하기(Determine)
만화 그리기(Animate)	명료화하기(Clarify)	고려하기(Consider)
개발(Develop)	옆에서 도와주기(Assist)	개관하기(Review)
작문(Write)	설명하기(Explain)	판단하기(Judge)
영화 만들기(Film)	지지하기(Support)	비평하기(Critique)
고안하기(Devise)	입증하기(Sustain)	가치평가하기(Value)

[도표 8] 스턴버그의 사고스타일.

행정적 사고스타일을 보이는 학생은 촉진자의 역할을 한다; 기존 구조에 내용을 더하거나 자세하게 덧붙이는 것을 좋아한다. 수학문제를 풀고, 다른 사람이 디자인한 것을 만들고, 다른 사람의 이론과 생각을 설명, 가르치고, 기존의 정보, 즉 학교와 법조계의 행동령과 같은 정보를 명확하게 하고 정확하게 하는 것을 좋아한다. 행정적 사고자는 촉진하기, 도와주기, 구체화하기, 단순화하기, 설명하기, 명료화하기, 지지하기, 입증하기, 다른 사람을 돕기 및 설명하는 것을 좋아한다.

사법적인 사고스타일을 보이는 학생은 평가자의 역할을 한다; 디자인, 구조 혹은 내용을 판단하고 프로포잘의 장점, 전쟁전술 및 에세이 대회 출전 작품을 평가하는 것을 좋아한다. 그들은 영화를 개관하고 증거에 대해 생각하고 현재 사건 같은 일의 중요성에 대해 생각하는 기회를 찾는다. 사법적 사고자들은 평가하고, 부과하고, 가치를 매기고, 심사숙고하고, 사정, 판단, 결정함은 물론 개관하는 것을 좋아하다.

교사는 다음의 질문을 해야 한다: "가장 분명하게 학생의 행동과 활동을 특징짓는 동사는 어떤 것인가?" 각 학생이나 학급에서 선호하는 사고스타일이 나타나면, 선호하는 사고스타일의 적절한 줄(사고스타일)과 칸(학년수준)에 체크 표시를 함으로써 종합재능 기록표에 쉽게 기록할 수 있다.

선호하는 사고스타일에서 기억할 것은 첫째, 모든 사고스타일은 타당하다는 것이다. 즉, 어느 스타일이 더 좋고 나쁘고가 없다. 선호하는 사고스타일은 어떤 학습활동을 선택하느냐를 통해 알 수 있는 것처럼, 실제 학습상황에서는 모든 사고스타일이 필요하기 때문에, 교사는 모든 학습스타일을 이용하여 학습할 기회를 주는 것이 중요하다. 둘째, 학생의 선호하는 사고스타일은 시간에 따라 변화하는 것이므로, 교사는 사고스타일을 주기적으로 재평가하여 그 다음의 경향과 변화를 결정지어야 한다.

선호하는 표현스타일

종합재능 기록표의 마지막 선호하는 스타일은 학생들이 자신의 지식과 아이디어를 표현할 때 어떤 형식과 산출물을 선호하느냐에 관한 것이다. 학생이 선호하는 표현스타일을 확인할 수 있는 방법은 [도표 9]

My Way . . .

An Expression Style Inventory

K. E. Kettle, J. S. Renzulli, M. G. Rizza

University of Conncecticut

Products provide students and professionals with a way to express what they have learned to an audience. This survey will help determine the kinds of products **YOU** are **interested** in creating.

My Name is: ______________________________

Instructions:
Read each statement and circle the number that shows to what extent **YOU** are **interested** in creating that type of product. (Do not worry if you are unsure of how to make the product.)

		Not At All Interested	Of Little Interest	Moderately Interested	Interested	Very Interested
	Example: writing song lyrics	1	2	3	(4)	5
1.	writing stories	1	2	3	4	5
2.	discussing what I have learned	1	2	3	4	5
3.	painting a picture	1	2	3	4	5
4.	designing a computer software project	1	2	3	4	5
5.	filming & editing a video	1	2	3	4	5
6.	creating a company	1	2	3	4	5
7.	helping in the community	1	2	3	4	5
8.	acting in a play	1	2	3	4	5

[도표 9] 표현스타일 도구 예.

에 있듯이, 학생이 좋아하는 프로젝트나 작품을 염두에 두는 것이다 (Kettle, Renzulli, & Rizza, 1998).

- 실험실 보고서, 단편 이야기 혹은 다른 유형의 글로 써서 표현하는 산출물인가? (문어적)

- 논쟁이나 연설 같은 구어적 작품이 주된 특징인가? (구어적/토론)
- 만든 산출물들이 구조물인가? (예: 디자인과 빌딩구조)? (조작적)
- 산출물이 색깔, 질감 혹은 배치 등으로 관심을 끄는가? (예술적)
- 산출물이 사람/대상/사물의 배치로 이목을 끄는가? (전시/무대 공연)
- 산출물이 공연과 역할 놀이 같은 무대 연출을 반영하는가? (드라마)
- 지역사회 내 개인과 집단에게 도움을 제공하는 것과 관련이 있는가? (서비스/리더십)
- 산출물이 여러 매체를 흥미 있는 방식으로 통합하는가? (다중매체)

학생의 선호하는 표현스타일을 종합재능 기록표의 적절한 줄(선호하는 산출물)과 칸(학년)에 체크 표시를 함으로써 간단히 기록할 수 있다.

엔디아의 종합재능 기록표

앞서 언급한 엔디아에 대한 자료를 볼 때, 엔디아는 학습게임과 독립연구 같은 교수스타일을 매우 선호한다([도표 6] 참조). 엔디아는 매우 어릴 적부터 이와 같은 교수스타일을 좋아했다. 4학년과 5학년 때 토론을 좋아하는 것으로 종합재능 기록표에 기록되었다. 분명히, 엔디아는 자신이 많이 참여하는 교수스타일을 좋아한다.

엔디아의 선호하는 학습환경을 살펴보았을 때, 또래 및 성인과 함께 활동하는 것을 좋아한다. 또한 사고스타일로는 입법적 및 사법적 스타일을 선호한다. 엔디아의 선호하는 학습환경과 사고 스타일은 종합재능 기록표의 예에서 볼 수 있다.

엔디아의 선호하는 산출물 스타일은 흥미와 밀접한 관계가 있다. 글과 토론의 극적인 방식으로 표현하는 것을 좋아한다. 이들 선호하는 표현스타일을 종합재능 기록표에 표시하였다.

학생들은 선호하는 학습스타일이 많기 때문에, 선호하는 것을 모두 언급하려고 하는 것은 어리석은 짓이다. 따라서 조금씩 그리고 학생의 흥미 및 선호하는 교수스타일에 따라 조정한다면, 학생들은 자연스럽게 가장 적절한 교수방법은 물론 선호하는 집단패턴과 사고스타일 및 표현스타일을 선택할 것이다. 교수활동에서 선택할 수 있도록 배려함으로써, 교사는 학생의 강점을 격려하고 특별히 선호하는 학습스타일에 민감하게 반응할 수 있다.

엔디아의 종합재능 기록표를 통해서 볼 수 있듯이, 관찰을 통해, 중요한 정보를 얻는다. 행동 정보(Action Information), 목표와 교육과정 활동 등을 포함하여 엔디아의 계속되는 재능 프로파일을 완성하기 위해서는 보다 많은 정보가 필요하며, 더 자세하게 제3부와 제4부에서 각각 살펴볼 것이다.

능력보다 중요하고 훨씬 드물고 미묘한 것이 있는데
그것은 바로 능력을 인지하는 능력이다.

—Elbert Hubbard

제 3 부

행동 정보: 학생에 대해 알게 된 새로운 것

마틴

마틴은 와이오밍에 사는 키가 4피트 되는 1학년생으로 활동적이며 열정적이다. 집에서는 스페인어를 사용하지만 학교에서는 영어를 사용한다. 운동장에서 형하고 있을 때만, 마틴은 스페인어로 빠르고 활기찬 대화를 나눈다.

그는 이상할 만큼 활동적으로, 1학년 초에, 교사는 그를 안절부절 못하며, 주위 또래를 방해하고 항상 책상 안과 밖을 들랑날랑 한다고 말했다. 게다가 마틴은 자기가 알고 있는 것을 친구나 다른 어른과 함께 나누기를 원했다. 그러나 교실에서 마틴의 반응은 대개 너무 자세하고 장황해서 그의 대답을 듣고 있노라면 답답해진다.

다른 마틴의 행동이 교사의 주의를 끌었는데 그것은 Around-the-World-Math Game이란 수학게임이다. 이 대회에서 학생들은 짝을 이뤄, 카드에 씌여 있는 더하기, 빼기에 대답한다. 문제에 정확하게 대답한 학생이 승자가 되며, 교실전체에서 진행되며 서로 다른 학생과 돌아가면서 시합을 한다. 마틴은 항상 빠르고 정확하게 대답하였는데 어느 날은 놀랍게도 곱하기에 대해 말하기 시작했다.

마틴의 교사는 또한 그가 선택한 책 때문에 또 놀랐다. 계속 포유류에 대한 동물책을 찾았고 그것은 그의 읽기 수준을 넘어서는 것이었다. 그러나 마틴은 주저하지 않았다. 한 교사는 마틴이 이해할 때까지 반복해서 읽는 것을 관찰하였다. 만약 그 섹션을 이해하지 못하면, 학교에 있는 다른 사람을 찾아가서 책을 계속 읽는데 필요한 대답을 얻었다.

교사는 단원을 시작하기 전에 마틴을 만나, 마틴이 그 주제에 대해 폭넓게 갖고 있는 방대한 정보에 놀랐다.

이전 섹션에서 종합재능 기록표의 현재 상태에 대한 정보가 학생에 대해 이미 알고 있는 것임을 살펴보았다. 제3부는 행동정보(Action Information), 즉 교사가 학생에 대해 알게 된 새로운 정보에 관한 내용이다. 교사는 학생들이 자신을 표현하고 다른 사람들과 상호작용하는 정규교육과정과 심화학습 동안에 학생의 행동정보를 관찰하게 된다. 학생의 흥미와 창의적인 아이디어는 맥락을 통해서 볼 수 있으므로, 간단히 3개의 심화활동 유형을 살펴볼 것이다. 그 다음 행동정보 형식을 설명하고, 단계적인 지시에 따라, 종합재능 기록표에 기록할 행동정보를 살펴보고, 마지막으로 특별한 종류의 행동정보—학생의 활동과 산출물을 통해 살펴볼 것이다. 종합재능 기록표에 산출물을 포함하는 실제적인 제안점으로서, 학생 작품을 선택하는 지침을 제시하였다. 마틴의 예는 위의 지침들을 잘 보여줄 것이다(부록 A는 마틴의 종합재능 기록표이다).

정규교육과정과 심화학습 상황

정규교육과정은 미리 결정된 목표와 시간표, 학습결과 및 학교의 전달 시스템으로 구성된다. 심화활동과 교수의 핵심은 [도표 10]에서 볼 수 있듯이, 1부(Type I), 2부(Type II), 그리고 3부(Type III) 심화활동으로 구성된다. 이들 활동들을 의도적으로 정규교육과정 중에 실시하여, 학생의 흥미와 재능을 확인하고 개발한다. 1부 심화활동은 방문, 연설자 초대, 비디오테이프, 예술작품, 그리고 흥미센터 같은 일반적인 탐색활동을 말한다. 즉, 어떤 활동에 초대하는 것으로 학생에게 더 깊게 주제를 연구하도록 유도하는 데 목적이 있다. 2부 심화활동은 집단 훈련활동으로 구성되며, 인지적 기술(예: 관찰, 비교, 대조, 의사결정) 및 과학적 혹은 역사적 연구 시 필요한 방법론적 기술들에 초점을 둔다.

3부 심화모델 (The Enrichment Triad Model)

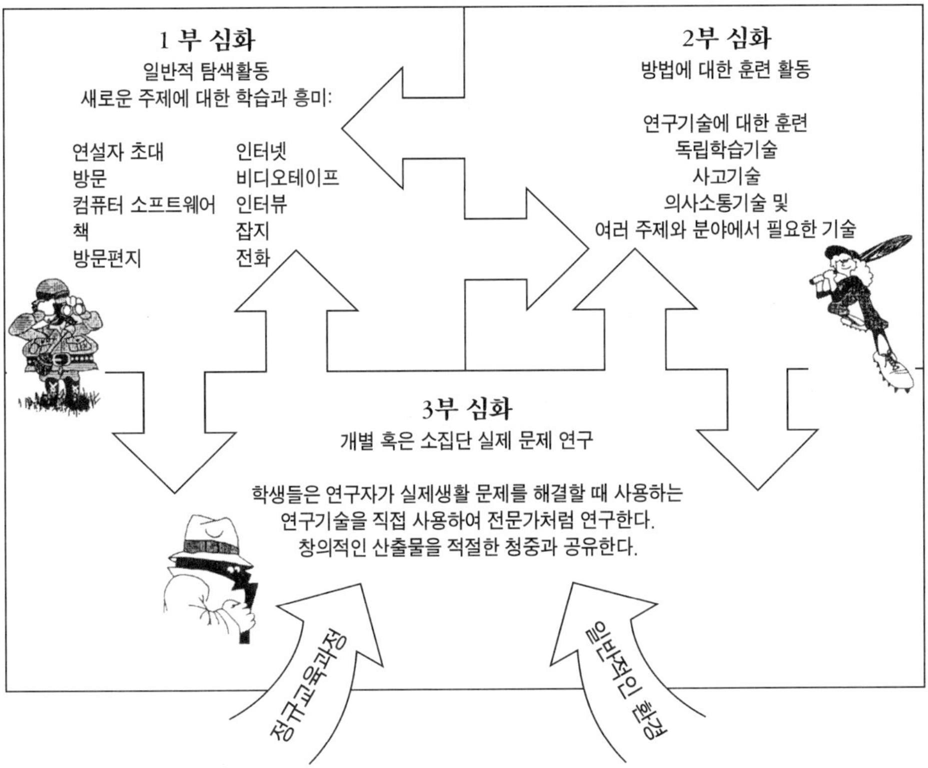

[도표 10] 3부 심화모델.

출처: *The School Enrichment Model* (1985) by Joseph S. Renzulli and Sally M. Reis Mansfield Center, CT: Creative Learning Press, p. 110.

즉, 실제생활 문제를 개별적으로 연구하는 데 필요한 방법들을 제공한다. 3부 심화조사연구는 실제생활 문제를 스스로 선택하고 개별적으로 연구하는 것으로, 많은 경우에 학생들은 이전에 1부와 2부 심화활동에 노출되게 된다.

심화학습과 교수에 대해 보다 많은 정보를 원할 경우, *Schools for*

Talent Development: A Practical Plan for Total School Improvement (Renzulli, 1994)를 참고하기 바란다.

중요한 것은 현재 일부 학교들은 학생들에게 흥미 있는 심화기회를 제공하고 있고, 교육 실제자들은 이미 포화상태인 교육과정에 더 많은 것을 첨가할 필요가 없다는 점이다. 교육 실제가들은 심화활동에 대한 학생의 흥미와 반응을 기록하고 관찰하여 적절하고 고무적인 추후활동을 제공하는 데 주안점을 둘 필요가 있다.

행동정보 메시지

심화 교수학습과 관련된 정규교육과정과 학습활동들은 학습상황을 제공하여 학생의 생각을 자극한다. 어떤 주제에 흥미가 있는 학생은 [도

흥미가 충분히 고양되었음을 보여주는 행동의 예

1. 공책에 계속적으로 만화나 만화 대본같은 것을 세밀하게 그린다.
2. 어떤 특정 주제에 계속적으로 몰입한다.
3. 난이도에 상관없이, 같은 주제의 책을 여러 번 도서관에서 빌린다.
4. 박물관, 철도 근처 지역 및 실험실과 같이 흥미가 있는 곳을 시간을 들여 자발적으로 방문한다.
5. 스스로 선택한 주제를 위해 기꺼이 자유시간을 포기한다.
6. 부모는 자녀에 대해 " 그 애는 그 주제에 대한 모든 책을 읽어요" 혹은 집에서 실험을 하고 서비스 프로젝트를 조직하곤 해요"라고 말한다.
7. 장애에도 불구하고 어떤 프로젝트를 계속한다.
8. 항상, 음악, 미술실, 과학 실험실, 컴퓨터실 혹은 연감을 보관하고 있는 방을 맴돈다.
9. 또래수준 이상의 질문을 한다.

[도표 11] 고양된 흥미를 보여주는 행동들.

표 11]에 요약한 여러 행동을 보인다. 행동정보 메시지를 통해서 교사는 학생이 어떤 영역과 특별한 주제에 보이는 흥미를 관찰한다. 관찰자, 교사, 심화활동 전문가, 부모들이 추후활동의 필요성을 학교직원들에게 알릴 수 있으므로, 관찰은 매우 중요하다. 적절하고 시기적으로 알맞은 추후활동은 개별 및 소집단별로 학생들이 독립적인 연구에 성공적으로 참여하게 한다.

[도표 12]는 행동정보 메시지이다. 학생의 이름과 실시자의 이름, 높은 흥미를 보인다고 특징을 지울 수 있는 행동을 기술하고, 받은 날짜 등을 기록한다.

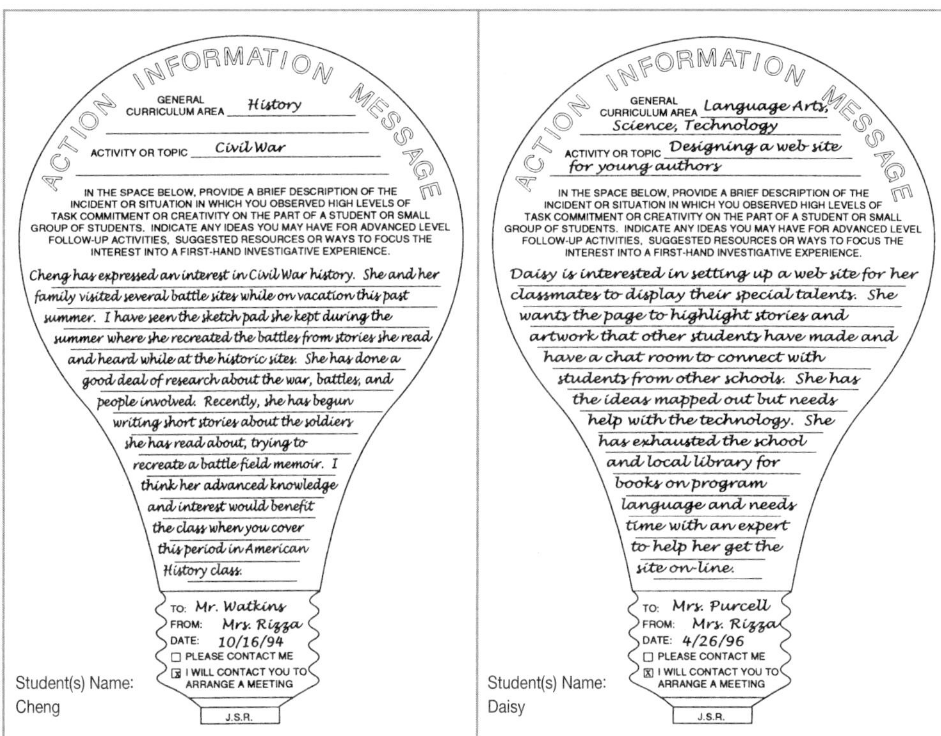
ACTION INFORMATION MESSAGE

GENERAL CURRICULUM AREA: History

ACTIVITY OR TOPIC: Civil War

IN THE SPACE BELOW, PROVIDE A BRIEF DESCRIPTION OF THE INCIDENT OR SITUATION IN WHICH YOU OBSERVED HIGH LEVELS OF TASK COMMITMENT OR CREATIVITY ON THE PART OF A STUDENT OR SMALL GROUP OF STUDENTS. INDICATE ANY IDEAS YOU MAY HAVE FOR ADVANCED LEVEL FOLLOW-UP ACTIVITIES, SUGGESTED RESOURCES OR WAYS TO FOCUS THE INTEREST INTO A FIRST-HAND INVESTIGATIVE EXPERIENCE.

Cheng has expressed an interest in Civil War history. She and her family visited several battle sites while on vacation this past summer. I have seen the sketch pad she kept during the summer where she recreated the battles from stories she read and heard while at the historic sites. She has done a good deal of research about the war, battles, and people involved. Recently, she has begun writing short stories about the soldiers she has read about, trying to recreate a battle field memoir. I think her advanced knowledge and interest would benefit the class when you cover this period in American History class.

TO: Mr. Watkins
FROM: Mrs. Rizza
DATE: 10/16/94
☐ PLEASE CONTACT ME
☒ I WILL CONTACT YOU TO ARRANGE A MEETING

J.S.R.

Student(s) Name: Cheng

ACTION INFORMATION MESSAGE

GENERAL CURRICULUM AREA: Language Arts, Science, Technology

ACTIVITY OR TOPIC: Designing a web site for young authors

IN THE SPACE BELOW, PROVIDE A BRIEF DESCRIPTION OF THE INCIDENT OR SITUATION IN WHICH YOU OBSERVED HIGH LEVELS OF TASK COMMITMENT OR CREATIVITY ON THE PART OF A STUDENT OR SMALL GROUP OF STUDENTS. INDICATE ANY IDEAS YOU MAY HAVE FOR ADVANCED LEVEL FOLLOW-UP ACTIVITIES, SUGGESTED RESOURCES OR WAYS TO FOCUS THE INTEREST INTO A FIRST-HAND INVESTIGATIVE EXPERIENCE.

Daisy is interested in setting up a web site for her classmates to display their special talents. She wants the page to highlight stories and artwork that other students have made and have a chat room to connect with students from other schools. She has the ideas mapped out but needs help with the technology. She has exhausted the school and local library for books on program language and needs time with an expert to help her get the site on-line.

TO: Mrs. Purcell
FROM: Mrs. Rizza
DATE: 4/26/96
☐ PLEASE CONTACT ME
☒ I WILL CONTACT YOU TO ARRANGE A MEETING

J.S.R.

Student(s) Name: Daisy

[도표 12] 행동정보 메시지.

일단 행동정보 메시지가 완성되면, 그 다음 단계는 교사 및 심화전문가들의 몫이다.

1. 행동정보 메시지를 실시한 사람과 만나서, 메시지에 기록된 학생 및 소집단에 대한 정보, 예를 들어, 흥미의 지속성, 흥미집착, 이미 얻은 외부 자료의 속성 등에 대해 이야기 한다.
2. 가능한 상위목적의 학습안을 제안 받게 되는 학생 및 소집단을 인터뷰한다.
3. 예를 들어, 집착력 정도를 알아보는 지표로서 어떤 주제에 들인 시간, 노트기록, 열정, 더 깊이 연구하기 위한 계획 등을 통해 추천 받은 학생의 흥미와 집착력을 평가한다.
4. 흥미와 집착력이 분명하다면, 운영계획을 세운다〔운영계획에 대한 정보와 3부 심화활동을 실시하기 위한 부가적인 정보를 원할 경우, 『*The Schoolwide Enrichment Model: A Comprehensive Plan for Educational Excellence*』(Renzulli & Reis, 1997)와 『*Pathways to Investigative Skills*』(Burns, 1990)을 살펴보길 바란다〕.

만약 흥미와 집착력이 불충분할 경우, 학생과 메시지 작성자에게 상황을 설명한다. 주제에 대한 책을 살펴보고, 전문가와 이야기를 나누거나 전문기관에 자료를 요청하는 등 여러 다른 특별한 활동을 이들 학생들에게 제시해 준다. 이와 같은 부가적인 활동을 수행하면서 다음 번 인터뷰에서 다시 만날 수 있음을 보여줄 뿐 아니라 학생의 흥미와 집착력을 고양할 수 있다. 교육적 조치를 취하는 것과 무관하게, 종합재능 기록표에 행동정보 메시지를 포함하여 교사 및 학교 관계자들은 학생의 흥미영역에 민감하게 반응하고, 의사결정을 정확하게 내릴 수 있도록 정보를 제공한다.

학생활동과 산출물: 특별한 종류의 행동정보

학생 활동과 산출물은 특별한 종류의 행동정보이다. 이미 언급한 학생 행동과 같이, 학생활동과 산출물은 그 학생에 대해 알고 있어야 할 바를 가장 잘 보여준다. 따라서 학생활동과 산출물을 종합재능 기록표에 기록해야 하는 주요 재능지표이다. 다음의 학생 산출물과 활동에 관련된 세 가지 문제를 생각해 볼 필요가 있다: 학생 산출물의 다양성, 포트폴리오에 대한 학생의 자율성 및 종합재능 기록표에 산출물을 기록하는 것이다.

학생은 산출물 속에 자신의 능력, 흥미 및 재능을 표현한다. 문어적 산출물은 가장 분명하고 자주 볼 수 있는 산출물의 유형이다. 그러나 교사와 학생은 또한 재능 등의 능력지표가 잠재적일 수 있으므로, 여러 방식으로 자신을 표현하는 방법을 찾아봐야 한다. 산출물의 레파토리를 확장하는 좋은 방법은 지역전문가를 초대하여 그들의 작품을 전시하도록 요청하는 것이다. 예술가, 드라마 작가, 건축가, 일러스트레이터, 정원 관리사, 발명가, 사진작가 및 카드 디자이너 등에게 작품의 진행상황뿐 아니라 작품을 전시하도록 부탁한다. 전시는 산출물을 만드는 과정을 명확하게 보여줄 것이다. 시각적 미술가는 자신들이 선호하는 유화, 수채화와 아크릴 같은 자료를 사용하기 전 단계에서 연필로 그린 여러 개의 스케치를 전시할 수 있다. 게다가, 실제로 전시를 함으로써, 학생과 교사는 새로운 산출물 유형에 대해 배울 기회를 갖는다. [도표 13]은 학생이 만들 수 있는 산출물들에 대한 것이다.

포트폴리오 산출물 분석: 누가 종합재능 기록표를 소유하는가?

학생 포트폴리오에 대한 최근 경향 및 보고들은 포트폴리오 평가의 타당성, 신뢰도 및 채점 같은 평가 문제에 집중되고 있다—이들 문제들

가능한 학생산출물

광고	낱말퍼즐	저널	유화	무대 디자인
만화	무용	정원디자인	구전 역사	단편이야기
주석을 단 참고문헌	논쟁	대규모 그림	구전보고서	실크스크린
미술 갤러리	일기	강의	OHP	시뮬레이션
오디오 테이프	사전	레슨	팸플릿	극본
밀납을 이용한 염색	디오라마	편집자에게 편지쓰기	페이퍼 읽기	슬라이드/ 테이프제시
전기문	전시	5행 희시	패턴	소규모 모델
청사진	드라마적 독백	줄긋기	사진 에세이	사회활동 계획
보드 게임	편집	잡지	연극	노래
책 표지	슬픈 노래 (비가)	잡지 아티클	그림 사전	4행 시
안내게시판	수필	지도	시	스텐실
CD 롬	에칭	미로	포트폴리오	바느질
달력	실험	기억	포스터	설문조사
카드 게임	우화	모빌	도자기	데라니움
세라믹	사실수집	연구논문	포장	교과서
석탄을 이용한 스케치	요정이야기	몽타즈	인형	시간표
차트 만들기	가계도	영화	인형극	지형학적 지도
합창곡 읽기	페스티발	벽화	라디오 쇼	TV 다큐멘터리
콜라주	영화스트립	박물관 전시	기복 지도	TV 뉴스보도
수집	용어사전	음악 작곡	연구 보고서	비디오
코믹 대본	그래프	뉴스 리포트	안마	비디오 게임
컴퓨터 게임	감사카드	신문	모래성	어휘 목록
컴퓨터 프로그램	연설자 초청	관찰일지	과학공상소설	기상도구
의상	하이쿠		스크랩북	기상일지
의상디자인	하이퍼 카드 스택		조각	포장지
	일러스트레이트가 있는 이야기			

[도표 13] 가능한 학생 산출물.

은 교사와 학생의 활동과 관련이 있다. 과거에는, 학생 기록부에 포함할 자료를 발표하는데 있어서 학생의 역할을 거의 강조하지 않았다.

종합재능 기록표의 가정 중 하나는 학생들이 자신의 기록부나 그 내용에 대해 자율성을 갖고 있어야 한다는 점이다. 교사는 여러 가능한 산출물을 구체화하고 기록부에 포함할 산출물 수를 학생에게 알려주는 반면, 학생들은 종합재능 기록표에 넣을 산출물과 활동을 결정해야 한다. 중요하게도, 학생은 종합재능 기록표에 넣을 때 사용하는 기준들을 형성하고 구체화해야 한다. 기회가 주어졌을 때, "나는 이 에세이에서 콤마를 정확하게 사용하였다." "이 논설문을 쓰는데 최선을 다했고 3번이나 다시 살펴보았다." 또는 "이 문단에서 내 감정을 표현하기 위해 많은 수식어를 사용했다" 등의 풍부하고, 정서적인 말들을 학생들은 알고 있어야 한다.

평가용어를 만들고 종합재능 기록표에 넣을 산출물을 선택하는 정규적인 기회를 학생들에게 제공한다. 이들 학생들은:

- 자신의 산출물과 활동에 대해 활동적으로 생각하고 반응한다.
- 자신의 산출물을 평가하는데 개인적으로 중요한 평가기준을 만든다.
- 뛰어난 산출물과 성취를 구성하는 것이 무엇인지 분명히 이해한다.
- 개인적으로 의미 있는 목표를 세운다.
- 분석, 합성 및 자신의 진도를 조절하고 평가하는 등 높은 사고수준의 기술을 정련하고 사용한다.
- 학습에 대해 책임을 진다.

종합재능 기록표에 넣을 산출물과 활동을 선택할 때, 학생과 교사는 생산자와 평가자로서의 역할을 재정의해 본다. 교사는 펌프를 주입함

효과적인 영어 작문에 대한 고등학생의 기술

- 융통적
- 분명한 아이디어와 구성
- 초점과 목적
- 원만한 글의 흐름
- 적절한 인용
- 그림을 보듯 생생한
- 글의 열고 닫음이 확실
- 유머사용
- 전환
- 어조의 일치
- 딴 길로 빠지지 않기
- 메시지 전달
- 풍부한 상상력
- 정확한 변하지 않는 구조
- 독자에 대한 매력
- 자기-만족
- 대화
- 비유적 표현
- 간결함(에세이 작문)
- 모르는 것에 대해 쓰지 않음
- 균형
- 단어 선택-반복하지 않음
- 개인적
- 열정적/확신적/영감을 일으킴

Galbraith, M., Hennelly, J., & Purves, A. C. (1994). Using portfolios to negotiate a rhetorical community (Report Series 3.10). Albany, NY: National Research Center on Literature Teaching and Learning.

[도표 14] 효과적인 영어 작문에 대한 고등학생의 기술.

으로써, 이 전환 시기 동안에 리더의 역할을 하면서 학생들에게 예가 될 만한 것들을 제공한다. [도표 14]는 고등학생들이 영어 작문구조에 대해서 기술한 것이고(Galbraith, Hennelly, & Purves, 1994), [도표 15]는 초등교사와 학생들의 것이다. 교사와 학생이 작성한 목록의 예는 부록 C에 있다.

다음의 두 목록을 통해, 학생은 스스로 기준을 선정하고 포트폴리오에 넣을 산출물을 택할 기회를 가질 때, 이들 학생들이 얼마나 풍부한 표현들을 하는지 엿볼 수 있다.

독서/ 작문

- 이 시를 골랐는데 이 시는 나의 최고의 시이다.
- 본 초고는 내가 쓴 것이고 내가 한 모든 노력을 보여준다.
- 나는 이 책 표지를 좋아하고 어린이들도 그림을 좋아할 것이다. 내가 쓴 요약을 보면 내가 이야기에서 벌어지는 모든 것을 이해한다는 것을 알 수 있을 것이다.

과학

- 내가 그린 여러 나방과 나비 그림을 선택하였다. 그림이 사실적으로 보이게 하려고 열심히 관찰하였다.
- 내가 대답할 수 없기 때문에, 나는 이 질문을 좋아한다. 언젠가, 나는 질문에 대한 답을 찾을 것이다.

사회과학

- 제시 제임스에 대한 보고서에서 나는 일차적인 자료를 사용했다.
- 포트폴리오에 넣을 고무 조각을 선택하였는데, 그것은 정말 재미있고 새로운 것이다.
- 포트폴리오에 넣을 정치 만화를 선택하였는데 정말 대통령의 얼굴을 재미있게 그렸다.

미술

- 내가 그린 최고의 만화이다. 만화 속에 등장하는 사람들은 내가 할 수 없는 것을 할 수 있다.
- 이 종이접기는 내가 만든 것 중에서 가장 어려운 것이다.
- 이 점토구슬로 만든 팔찌를 아직 끝내지 않았지만, 이것은 최고이며, 정말 잘 만들어진 패턴이므로 포트폴리오에 넣을 것이다.

수학

- 컴퓨터로 만든 칼라 그래프이다. 심지어 내 동생도 이해할 수 있다!
- 정말 수학문제를 잘 풀었기 때문에 나는 포트폴리오에 나의 수학 올림피아드 경시대회 점수를 넣을 것이다.

[도표 15] 초등학생과 교사의 평가기준의 예 (계속).

- 학교에서 일어나는 컨닝에 대한 보고서가 자랑스럽다. 수학 선생님의 도움을 거의 받지 않고 나는 질문지를 만들었다.

외국어

- 내가 디자인한 생일카드가 자랑스럽다. 프랑스어를 사용해서 만들어서, 프랑스 출신의 사람도 이 카드를 친구에게 보낼 수가 있다.
- 특히, 테이프에서 듣는 악기 소리를 좋아한다. 스페인 음악을 들을 때처럼, 악기소리를 내려고 한다.

직업 예술

- 종합재능 기록표에 넣을 나의 램프를 찍은 사진을 선택했다. 왜냐하면, 아무도 이런 생각을 하지 않았기 때문이다.
- 돼지가 나올 수 없는 동물 우리에 대한 새로운 아이디어를 좋아한다.

운동

- 균형잡기 팀에서 2등상 받는 비디오테이프를 선택했다.
- 나의 운동실력으로 받은 상을 넣고 싶다.

[도표 15] 초등학생과 교사의 평가기준의 예.

선택한 산출물을 포트폴리오에 싣기

종합재능 기록표에 실을 대표적인 산출물을 선택한 후에, 학생들은 선택한 날짜를 적는다. 부가적으로 산출물의 진행상황을 덧붙일 때, 포스트잇을 사용할 수 있다. 포스트잇을 붙여 놓아야 산출물을 더 다듬기 위해 앞으로 할 생각과 방향을 잊어버리지 않게 된다. 그림이나 사진에세이에 제목 리스트를 적어 넣는다면 학생산출물을 보다 상세히 설명해 줄 수 있다.

생산적이고 창의적인 사람은 산출물을 다듬는데 끊임없이 시간을 들인다. 예를 들어, 어니스트 헤밍웨이(Ernest Hemingway)는 1차 세

다른 이름의 이야기:
무기여 잘 있거라(A Farewell to Arms)

A Farewell to Arms 이름 대신 어떤 다른 제목이 있을까? 여러분이 결정하세요. 다음의 26개의 리스트는 어니스트 헤밍웨이가 1차 세계대전을 배경으로 한 소설의 제목으로 생각해 본 것들 입니다.

"Love in War"
"Sorrow for Pleasure"
"A Farewell to Arms"
"Late Wisdom"
"The Enchantment"
"If You Must Love"
"World and Enough Time"
"In Praise of His Mistress"
"Every Night and All"
"Of Wounds and Other Causes"
"The Retreat From Italy"
"As Others Are"
"Love Is One Fervent Fire Kindled Without Desire"
"A World to See"
"Patriots Progress"
"The Grand Tour"
"The Italian Journey"
"The World's Room"
"Disorder and Early Sorrow"
"An Italian Chronicle"
"The Time Exchanged"
"Death Once Dead"
"They Who Get Shot"
"The Italian Experience"
"Love in Italy"
"The Sentimental Education of Fredrick Henry"

[도표 16] 헤밍웨이가 생각한 작품 『무기여 잘 있거라』에 대한 여러 제목들.

계대전에 대한 소설 『무기여 잘 있거라』의 제목 리스트를 무려 28회 이상 만들었다([도표 16] 참고). 헤밍웨이에 대한 예는 학생 산출물 이면의 과정이 얼마나 중요한지 보여준다. 산출물을 만들고 다듬는 데 시간이 필요하다. 때때로 완성된 산출물보다는 진행 중인 산출물이 학생의 재능을 더 잘 보여주기 때문에, 포스트잇을 붙여 놓은 미완성의 산출물이 중요하다.

산출물에 날짜를 적어 넣을 때, 즉 종합재능 기록표에 산출물을 넣을 때, 과학 프로젝트, 게시판 전시물이나 모빌 같이 큰 산출물은 사진이나 스케치로 대신하여 기록할 수 있다. 카메라를 사용할 수 있으면, 종합재능 기록표 산출물을 사진으로 찍어서 기록할 수 있고, 비디오카메라를 사용할 경우, 프레젠테이션, 논쟁 및 그 밖에 학생의 상위능력 등을 보여주는 것들을 기록해야 한다.

포트폴리오를 개발할 때 염두에 두어야 하는 "황금률"(Golden Rule)은 산출물이 학습지나 일상적인 숙제처럼 어떤 기술과 반복적인 활동이 아니라는 것이다. 어떤 학생이 에세이 질문이나 복잡한 수학문제에 대해 우수한 반응을 보인다면, 이것을 포트폴리오에 포함할지 여부를 고려해야 한다. 중요한 것은 포트폴리오를 단순한 학습지나 숙제를 모아놓은 것으로 만들지 말아야 한다는 것이다.

마틴

마틴의 예를 다시 생각해보자. 마틴의 교사인, 브레네만은 가르치는 동안 마틴에 대한 행동정보 메시지를 준비했다. 수학에 대한 마틴의 강점과 포유류에 대한 지속적인 마틴의 흥미를 관찰했다. 또한 학교 도서관 사서도 마틴이 수준 이상의 책을 좋아하고 끈기 있게 책을 읽는다고 말하면서, 마틴에 대한 행동정보 메시지를 작성했다. [도표 17]

종합재능 기록표

행동정보

2학년생인 마틴은 수에 대해 많은 것을 안다. 곱하기에 대해 질문하였으며, 이것이 왜 더하기를 빨리 하는 방법이냐고 질문을 하여 교사를 놀라게 하였다.

그는 또한 포유류, 특히 박쥐에 대해 지속적인 흥미를 보였다. 학기 초부터 흥미를 보였으며, 계속 이 동물에 대한 정보를 많이 얻으려고 한다. 마틴은 박쥐에 대한 정보를 더 얻는 데 도움이 필요하다.

2학년 담임교사 브레네만, 10/1

[도표 17] 행동정보 메시지.

종합재능 기록표

행동정보

2학년생인 마틴은 2학년 수준 이상의 박쥐에 대한 책을 보느라고 도서관에서 많은 시간을 보낸다. 어떤 페이지를 이해하지 못하면, 나에게 와서 그 단어가 무슨 뜻인지 가르쳐 달라고 한다. 마틴의 지속적이고 눈에 띄는 흥미로 인해, 추후활동시 부가적인 도움이 필요할 것으로 생각된다.

도서관 사서 리콜리, 10/15

[도표 18] 행동정보 메시지.

과 [도표 18]의 행동정보 메시지는 학생의 재능을 격려하고 추후활동을 제공하기 위해 학생의 뛰어난 성취를 어떻게 파악하고 기록하는지를 보여준다.

제 4 부

항상 단기적인 목표를 세우는 데는 이유가 있다. 골프, 농구, 사업 및 가족이 관련된 일이든지, 나는 실현 가능한 목표를 세우고 그것에 초점을 맞춘다. 질문을 하고, 읽고, 듣는다. … 단계적으로, 성취 외에 다른 길을 볼 수 없다.

—Michael Jordan,
시도하지 않는 것은 받아들일 수 없다

학생목표와 교육과정 외 활동

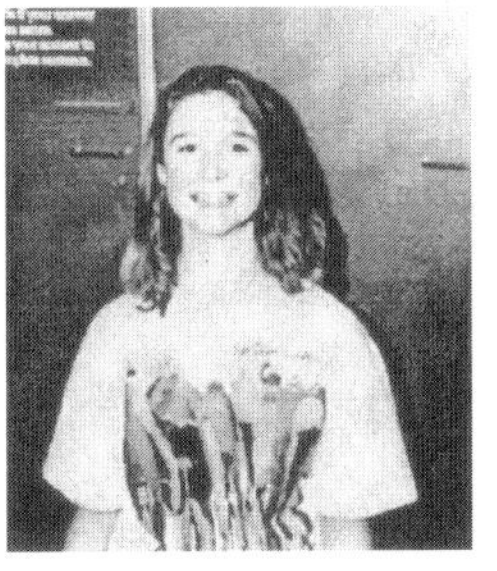

크리스타

워싱턴 주 도시지역에 있는 학교에 다니는 8학년 생 크리스타는 모험심이 강하고 활동적이다. 표준화된 테스트와 교실 활동을 볼 때, 모든 영역에서 국가 퍼센타일 수준 이상이다. 3학년 일 때, 크리스타는 시험을 치러 학군 영재프로그램에 배정되었다.

같은 해, 크리스마스 음악을 연구할 때, 크리스타의 음악적 재능을 발견하였다. 교사와 부모의 격려로, 여러 음악 및 재능 쇼에서 노래를 부르게 되었다. 또 다른 것들도 시도하여 지역 합창단에 가입하였다. 2년 동안의 연습으로, 국립 학생 합창단에 선출되었다. 크리스타는 자신의 최근 활동에 대해 다음과 같이 말한다. "국립 학생 합창단이 되는 것은 내 인생에서, 단지 음악적 모험일 뿐이다. 원하는 곳에 도달할 수 있도록 해주기 때문에 위험을 무릅쓴다는 것은 중요하다. 사실, 나는 브로드웨이에 진출하고 싶고 그러기 위해선, 연습 및 개발은 물론 더 큰 위험이 따른다는 것을 알고 있다."

크리스타는 음성이 갖는 재능 외에도 다른 음악적 재능이 있다. 프랑스 혼을 연주하며 고등학교 밴드의 단원이다. 나중에 기타를 배웠다. " 나는 기타를 배워야겠다고 생각이 든 후에, 기타 레슨을 시작했다. 프랑스 혼과는 달리, 입술이 아닌 손으로 기타를 연주한다." 크리스타는 결론을 내릴길, 음악은 나의 마음을 깨끗하게 하며, 다른 사람에게 기쁨을 주면서 또한 나에게도 기쁨을 준다.

현재 크리스타는 학생회의 회장이다. 사람을 더 잘 알 수 있고 리더십 기술을 발달시킬 수 있으므로, 크리스타는 사회활동에 참여하는 것을 좋아한다.

이 섹션의 목적은 교사에게 학생목표와 교육과정 외 활동을 제공하는데 있다. 부모에게 자녀의 교육과정 외 활동을 설명해 달라고 함으로써, 교사는 부모가 재능 발달과정에 참여할 수 있도록 초대할 수 있다. 부록 D는 학생의 주요 학교 외부활동에 초점을 두고 개발한 과제와 활동에서 부모의 도움을 어떻게 이끌어 낼지에 관한 내용이다. 크리스타의 예를 통해 재능 프로파일의 마지막 정보가 갖는 중요성에 대해 살펴볼 것이다.

교육목표 준비

교사는 목표와 성취 간의 강한 연계성을 설명함으로써, 종합재능 기록표에 적절하고 성취 가능한 목표를 언급할 수 있다. 성취 가능한 목표란 도전적, 구체적 및 현실적인 목표로서 시간적으로 시작과 끝이 있다. 교사는 중요한 목표의 예들을 제공하여 학생들이 성취가능한 목표를 선택할 수 있도록 돕는다([도표 19]는 도전적이고, 중요하며, 성취 가능하며, 구체적인 목표의 예이다).

교육과정 외 활동은 포괄적인 용어로, 학교 밖에서 하는 활동을 포함한다. 전형적으로 발레, 피아노, 그리고 운동 같은 레슨을 포함하지만 교육과정 외 활동은 또한 학생들이 집에서 만든 작품, 즉 화산모형, 남북전쟁지 지도 및 신체 모형 같은 것도 포함할 수 있다. 개인적으로 중요한 경험도 또한 교육과정 외 활동으로, 이웃사회 및 교회의 리더십 프로젝트, 보이스카웃, 걸 스카우트, 4H 클럽활동 및 특정기관에 참여하는 것도 포함된다. 마지막으로, 교육과정 외 활동(co-curriculum activities)은 학생이 보여주는 성취도 포함한다. 뛰어난 재능은 도시나 마을 재롱잔치, 집과 이웃에서 하는 마술이나 인형극 등에서도 나타난다.

학생목표의 예

1. 내년 학교 연감으로 고학년 학생용 데이터베이스를 만든다.
2. 6개월 동안 시를 짓고 출판한다.
3. 신입생들이 오리엔테이션 때 사용할 수 있도록 학교에 하이퍼스튜디오 스택(Hyperstudio Stack)을 만든다.
4. 마을 회관에 신문 재활용 센터를 시작한다.
5. 학생들이 쉽게 이용할 수 있는 숙제 핫라인을 설립한다.
6. 수질에 대한 프로젝트로 봄에 있는 과학 경시대회에 참가한다.
7. 더하기할 때 사용할 보드 게임을 개발한다.
8. 일정 기간을 두고 내가 선택한 분야의 전문가와 함께 활동한다.
9. 내년 여름에 전시할 흑백 사진을 준비한다.
10. 내년 겨울에 지역 빈민을 위해 무료 식사를 제공하는 활동을 한다.
11. 내년 학기에 홍미 있는 학생들과 함께 기상학자 클럽을 시작한다.
12. 내년 여름에 학생용 판매를 목적으로 한 새로운 계열의 감사 카드를 디자인한다.
13. 내년 9월까지 학교 재즈 앙상블 단원이 된다.
14. 내년 휴일 기간 동안 도움이 필요한 어린이를 위해 장난감을 수집한다.
15. 10대를 위한 의상을 디자인하고 내년 가을에 패션쇼에 출품한다.

[도표 19] 학생목표의 예들.

학교 밖에서 볼 수 있는 재능도 종합재능 기록표에 기록할 중요한 정보이다. 학생을 격려하여 학교 밖 활동에 대해 생각해보도록 하며, 참여한 주요활동을 "개인전시"(Personal Showcase)라는 용지에 기록한다([도표 20]과 부록 D 참조). 학생과 교사는 이들 활동들을 종합재능 기록표에 기록하고 목록으로 작성한다. 부모가 집에서 자녀와 함께 개인전시 용지를 만듦으로써, 재능개발 과정을 돕는 것이 중요하다. 학생편에 이 용지를 제출하거나, 정규 교사면담 시 부모가 제출할 수 있다.

내가 좋아하는 레슨	내가 가장 자랑스럽게 생각하는 프로젝트나 산출물
1. ______ 2. ______ 3. ______	1. ______ 2. ______ 3. ______
내가 하고 있는 리더역할 1. ______ 2. ______ 3. ______	**내가 한 가장 훌륭한 성취** 1. ______ 2. ______ 3. ______

[도표 20] 개인전시.

크리스타

다시 크리스타의 예로 돌아가자. 크리스타의 목표와 교육과정 외 활동은 [도표 21]이다. 크리스타의 목표는 흥미와 음악에 대한 재능에 집중된다. 뮤지컬에 참여하고 기타를 배우고, 매우 들어가기 힘든 국립 학생단원이 되는 것이다.

크리스타의 교육과정 외 활동은 다양하다; 음악, 운동 및 리더십 활동에 흥미가 있다. 비록 많은 교외활동이 노래부르기와 음악레슨에 편중되지만, 또한 크리스타는 스키와 학생회 활동을 한다.

이제 학생재능 프로파일을 완성하였다. 현재 상태에 대한 정보, 행동정보와 학생목표 및 교육과정 외 활동에 대한 정보를 수집하였다. 다음 제5부에서는 수집한 정보를 사용하여 1년 동안의 활동 계획을 세우는 방법을 살펴볼 것이다. 제6부도 교사, 학생 및 부모가 학년마다 학생재능을 발달시킬 때 재능 지표를 사용하는 방법에 관한 내용이다.

학생목표

1. 뮤지컬에 참여
2. 기타연주를 배워서 연주
3. 국립 학생합창 단원

교과과정 외 활동과 레슨

학생회 회장에 가입

학생 합창단 단원

합창, 장기 클럽과 연감을 만드는 단원

주마다 하는 기타 레슨

주마다 하는 스키 레슨

[도표 21] 크리스타의 목표와 교육과정 외 활동.

어떤 사람도 자신의 재능영역의 끝까지 도달한 사람은 없다. 가족과 교사는 발달과정의 매 시기마다 중요한 역할을 한다.

—Benjamin Bloom,
젊은이의 재능개발

제 5 부

재능개발 행동기록

벤자민 블룸(Benjamin Bloom, 1985)은 음악, 미술, 운동, 수학 및 과학에서 가장 높은 성취수준에 도달한 120명의 남자와 여자를 연구하였다. 연구 결과, 이들은 재능을 갖고 태어난 것이 아니며, 소수의 사람(10% 그 이하)

만이 11살, 12살까지 계속 발달하여, 20살에서 30살이 되면 그들의 재능분야에서 누구나 인정하는 상위 25명 안에 속하게 된다(p. 533). 블룸은 여러 이유를 들어 초기에 내리는 예측이 갖는 어려움을 지적한다. 한 가지 이유는 아동이 받는 부모나 교사의 지지 정도를 모른다는 것이다. 블룸에 의하면, 부모와 교사는 각 아동의 강점을 발견, 격려하여 초기 학습과정에서부터 나중에 필요하고 더 어려운 학습과정으로 옮아가도록 돕는다.

재능개발에 대한 블룸의 결론은 부모와 교사가 강력한 메시지를 갖는다는 것이다: 부모와 교사는 아동이 성취하는 수월성의 수준을 결정짓는 중요한 역할을 한다. 따라서 본 섹션의 목적은 적절하고 의미 있는 상위-목적 학습경험을 만들 때, 종합재능 기록표의 정보를 어떻게 수집할지 설명하는 것이다. 그 외, 종합재능 기록표 행동기록 선택안으로 포함할 수 있는 2개의 상위-목적 학습경험을 설명한다: 심화집단(Enrichment Cluster)과 교육과정압축(Curriculum Compacting). (더 많은 정보를 원할 경우, 『*Schools for Talent Development: A Practical Plan for Total School Improvement*』(Renzulli, 1994)를 참고하기 바란다). [도표 22]와 [도표 23]은 학교가 제공할 수 있는 여러 상위-목적 학습안이다.

두 번째 섹션에서는 또한 제3부에서 제5부까지 살펴본 예를 분석한다. 엔디아, 마틴, 그리고 크리스타의 현재 상태를 나타내는 정보와 행동정보, 교육목표 및 교육과정 외 활동의 예를 통해, 각 학생의 행동을 기록한다.

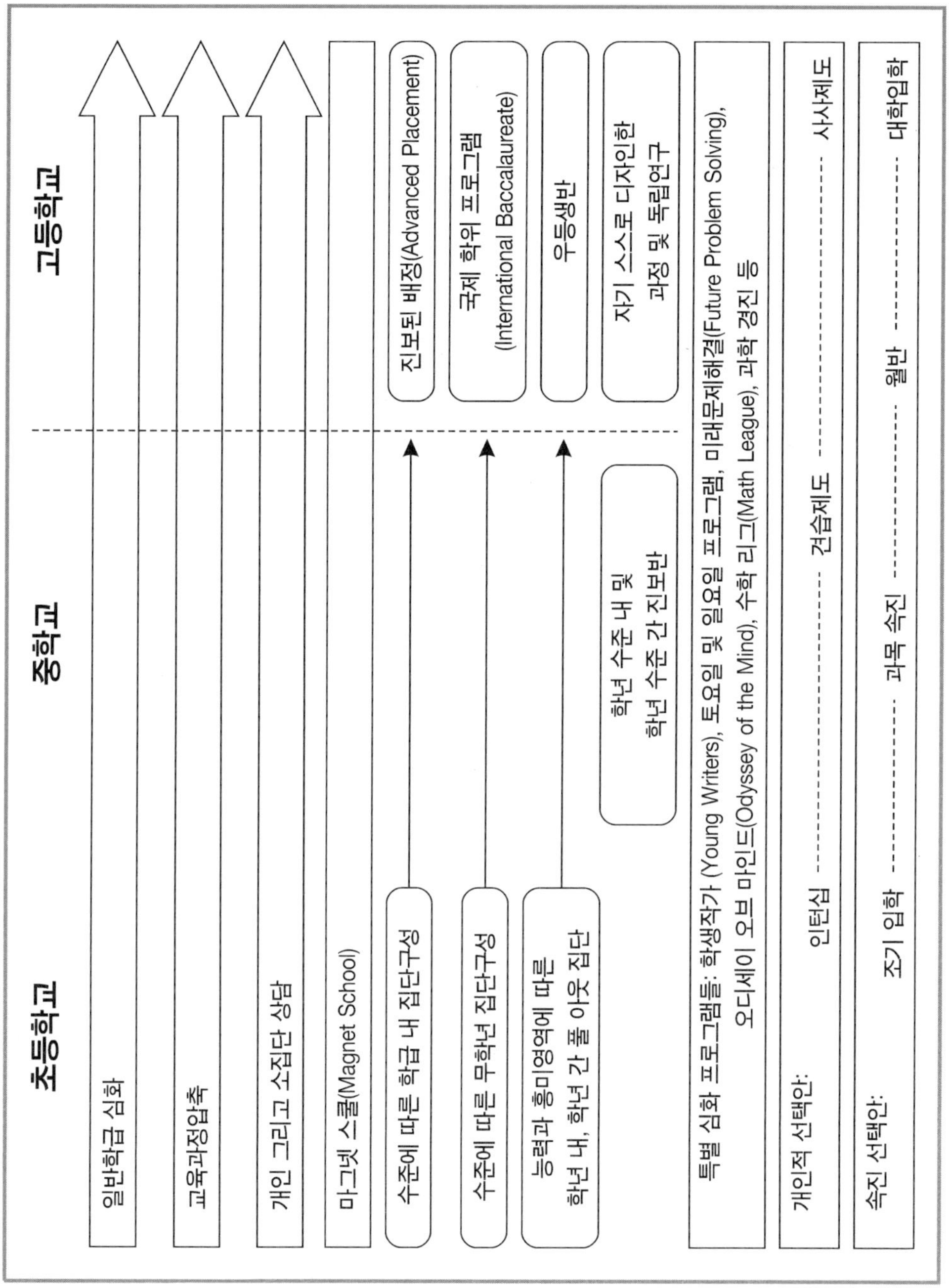

[도표 22] 연속선상에서 본 특별 서비스.

상위-목적 학습안들

초등학교 기회

- 혼합연령 학급
- 오디세이 오브 마인드
- Junior Great Books
- 저널/이야기 쓰기
- 혼합연령 파트너
- Caldecott 상 책읽기 프로그램
- 국제 대사
- Light Bulb 프로젝트
- 작가의 워크숍
- 문학 세미나/ 연구 동호회
- 수학으로 가는 창문
- 포트폴리오
- 교육 텔레비전 워크숍
- 학생 과학자 프로그램
- 수학 심화 프로그램
- 책 클럽활동/ chapter 책 클럽
- 개방식 질문과 단원
- 프로젝트에 기초한 연구
- 가족 수학
- 책 출판
- 매체지원/교육과정 심화 프로그램
- 작문 가방
- CD 롬 연구 프로젝트
- 스페인어 집단
- 브레인 퀘스트
- 여러 해결책이 있는 활동
- 건강 문제
- 작문의 날
- 인터넷 질문
- 모든 크고 작은 것들
- ABC 주니어 과학자
- 직접 하는 과학 경시대회

중학교 기회

- 발명대회
- 과학/ 사회과학/ 문학 올림피아드 대회
- 모의 법정
- 오디세이 오브 마인드
- 연설자/ 견학-교육과정과 관련된
- 개방적 극적인 단원 (교과간의)
- Junior Great Books
- 저널/ 창의적인 작문
- 국립 지리학 대회
- 현재 사건 대회
- 작문의 날
- 뉴잉글랜드 수학 대회
- 수학의 날
- 과학적 사고/ 조사에 기초한 사고
- 습지 연구
- 웨체스터 재단-DNA 연구
- 자연 교실
- 과학자의 날
- 나의 연구 (학생조사연구)
- 수학 카니발
- 지구 온난화 탐사
- 주식시장
- 교육과정을 교차하는 작문
- 상상(미술과 언어예술)
- 미스터리 문학/과학 조사
- 교육과정과 관련된 축하/페스티발
- 문학 포트폴리오
- 역사에 직면하기-시민의식에 초점
- 내용영역에서 문학적 통합
- 여러 측면에서의 평가

고등학교 기회

- 진보된 배치 (AP): 수학, 영어, 유럽사, 미국사, 예술, 심리학, 생물학, 화학, 스페인어
- 음악과 드라마 산출물
- 음악 프로그램-학군 및 미국 전역의 음악 콘서트 오디션
- 8학년 우등생 언어 (방과 후)
- 포트폴리오
- 또래교수
- 독립연구
- 지역 과학대회/ 주 대회
- 세계 여행을 포함한 교육적 견학
- 오디세이 오브 마인드
- 인터넷
- 과학 사사제도
- 쉬로스버리 대중 공개 연결
- 대부분의 영역에서 우등생 과정
- 수학 팀과 경쟁시험
- 미술대회
- 과학 올림피아드
- 국립 법정대회
- 작문의 날
- 신체 교육 리더십 프로그램
- 도서관 발간
- 국립 우등학회
- 국립 미술 우등학회
- 대학 운동 대표팀
- 대학과정을 이수할 기회
- 학생 서비스 및 디자인 팀

[도표 23] 쉬로스버리 공립학교에서 제공한 상위-목적 학습안, Shrewsbury, MA.

상위-목적 학습안: 심화집단(Enrichment Cluster)

심화집단은 학년에 제한 없이, 공동의 관심을 갖고 있는 학생들이 자신의 흥미를 추구하기 위해 특별히 정해진 시간 동안 함께 모여 활동한다. 심화집단은 폭넓은 주제영역에 따라 조직되며, 그 예들로 미국 인디언 댄스집단(The Native American Dance Troupe), 코네티컷 환경 학생보호 기관(Connecticut Environmental Youth Protection Agency), 학생 음악가 앙상블(The Youth Musicians Ensemble), 학생 작가협회(The Youth Authors' Guide), 컴퓨터 그래픽 디자인 팀(The Computer Graphic Design Team) 및 미래 패션 연구기관(The Future Fashion Research Institute) 등이 있다. 심화집단은 정규학기 동안 일주일 당 반나절 정도 모인다.

심화집단은 전통적인 학습 및 교수와 다르다. 첫째, 심화집단은 능력수준과 학년수준을 모두 포괄한다. 둘째, 학생은 그들이 심화집단에 있고 싶어하기 때문에 참여한다, 즉 그들이 선택한 것이다. 심화집단은 학생의 흥미에 기초한다는 점에서 전통적인 학습 및 교수와 다르다. 넷째, 심화활동을 통해, 산출물과 서비스를 만들어낸다. 즉, 학생이나 어른 모두 공동의 관심을 갖고 실제상황에서, 생산적이고 창의적인 산출물을 만든다. 각 사람들은 서로 맡은 일을 하고 각자가 하는 것을 소중하게 생각한다. 마지막으로 심화집단에 참여하는 사람은 서비스나 산출물을 만들 때 실제 전문가의 역할을 한다. 그들은 현장에서 사용하는 방법을 배우고 직접 참여함으로써 활동적으로 배운다. 간단히 말해서, 심화집단을 통해, 학생들은 더 높은 수준의 사고기술을 발달시키고 창의적이고 생산적인 상황에 적용할 수 있다(더 많은 정보를 원할 경우, 『*Extending the Pedagogy of Gifted Education to All Students*』(Reis, Gentry, & Park, 1995)를 참고하기 바란다).

상위-목적 학습안: 교육과정압축(Curriculum Compacting)

교육과정압축(Reis, Burns, & Renzulli, 1992; Reis & Renzulli, 1992)은 쉽게 사용할 수 있는 교수책략으로 단원을 가르치기 전에, 교사는 학생이 이미 알고 있는 부분을 찾아내기 위해 학생의 지식을 평가한다. 이미 완전히 알고 있는 부분은 제거하고 더 도전적인 심화 및 속진 학습안으로 대체할 수 있다. 따라서 교육과정압축을 통해, 학생은 이미 알고 있는 것을 반복할 필요가 없고 그 대신 상위-목적 학습활동을 할 수 있는 시간을 얻게 된다.

요약하면, 교육과정압축과 심화집단은 상위-목적 학습활동으로, 학생의 완전학습 정도를 평가할 수 있는 기회를 제공한다; 불필요한 반복학습을 피하고, 흥미를 발달시키고, 보다 높은 사고능력을 신장하며, 데이터를 수집, 조직하고 분석하는 능력을 키우고, 산출물의 질과 적절성을 높인다. 예를 들어, 문제를 찾아 거기에 초점을 두고, 필요한 기술을 조직하고, 시간을 관리하고, 협동하며, 의사결정함은 물론 자기-평가를 하는 등의 자기-주도적인 학습기술을 발달시킨다. 학생의 능력과 재능을 극대화하기 위해 이와 같은 기회를 부여해야 한다.

중요한 것은, 각 학교는 독특하며 연속적인 상위 수준의 학습기회를 제공해야 한다. 학교에 따라 상위-목적 학습안, 혼합학년 집단, 속진 및 사사제도 같은 학습안을 제공할 수도 있다. 연속적인 상위-목적 학습안을 제공하기 위해서는, 학교당사자는 학생의 요구를 수집, 반영하고 학교실정에 맞는 상위-목적 학습안을 검토함은 물론 가장 적합할 것으로 보이는 교육안을 선택하고 실시해야 한다. 상위-목적 학습안은 [도표 23]과 같다.

재능개발 행동기록 만들기

재능개발 행동기록은 학생의 재능 프로파일, 현재 상태에 대한 정보, 행동정보, 교육목표 및 교육과정 외 활동정보를 이용하여 만든다. [도표 24]는 재능개발 행동기록을 만드는 4 단계-기록, 개관, 일치, 그리고 서류화-에 관한 것으로 각 학생을 위하여 교사는 의미 있는 행동계획을 구성하는 데 도움을 얻을 수 있다.

재능개발 행동계획을 만드는 방법

1. **기록(Note)**: 현재 및 앞으로 학군이 제공할 수 있는 상위-목적 학습안을 기록한다.
2. **개관(Review)**: 학생의 종합재능 기록표를 살펴본다. 학생에 대해 가장 잘 알고 있는 것을 다음의 밑줄에 적는다:
   - ____________________(내용영역)에서, 이 학생의 능력(Ability)을 볼 수 있다.
   - 일반적으로 ________에 흥미(Interest)가 있고, 특별한 영역으로는 ________에 흥미가 있다.
   - 이 학생은 ____________ 교수스타일(Instruction Style)에 의한 ____________ 방식으로 공부하는 것을 좋아하며(Learning Style), ____________식으로 생각하는 것을 좋아하며(Thinking Style Preference) ____________ 방법으로 자신을 표현하는 것(Expression Style)을 좋아한다.
   - 이 학생은 __________________ 상황에서 가장 동기유발(Motivation)되며 집착력(Commitment)을 보인다(Action Information Forms).
   - 이 학생은 (혹은 어른과 함께) ____________와 관련된 목표(Goal)를 세운다.
   - 이 학생은 ________________________ 같은 교육과정 외 활동을 한다.
3. **일치(Match)**: 학교는 각 학생의 재능프로파일에 알맞은 상위-목적 교육안을 제공하는지 확인한다. 선택한 교육안을 통해 창의적인 생산성과 학업적 성취를 도모해야 한다.
4. **서류화(Document)**: 행동계획 안의 모든 요소가 완성되면 종합재능 기록표에 기록한다.

[도표 24] 재능개발 행동계획 만들기.

엔디아, 마틴, 그리고 크리스타의 재능발달 행동계획

제3부에서 제5부까지 살펴본 각 학생의 예를 다시 생각해 보자. 행동기록은 다음의 [도표 25], [도표 26]과 [도표 27]이다.

엔디아

엔디아는 사회과학, 역사 및 음악에 강점을 보이며, 역사적 영웅에 관심이 많아서 역사에 대한 글을 쓰고 싶어한다. 5학년 때, 엔디아의 교사는 여러 상위-목적 학습안을 만들어, 엔디아의 재능 프로파일에 있는 강점을 개발하려고 하였다. 첫째, 엔디아가 미국 역사에 대해 알고 있는 바를 미리 평가했다. 엔디아는 당시 미국역사의 상당 부분을 완전히 알고 있어서, 학급에서 공부하는 미국역사를 배울 필요가 없었다. 엔디아에게 독립연구 기회를 제공함으로써, 역사적인 중요인물에 대한 흥미를 유지할 수 있었다. "알려지지 않은 영웅을 찾아서"라는 독립연구에서 엔디아는 그 당시 시민들을 인터뷰하였다. 연구할 대상에 대한 기준을 세워 평가하고, 인터뷰기술을 배우고, 인터뷰할 대상을

엔디아의 재능개발 행동기록

날짜	학년	교사	심화 집단	교육과정 압축	탐색 활동 (1부 심화활동)	학생이 선택한 독립 조사 (3부 심화활동)	
9월	5	Mr. L	Young Authors Guide	미국사	도시 계획 단체 인턴십	아직 알려지지 않은 영웅에 대한 연구	

[도표 25] 엔디아의 재능개발 행동기록.

정했다. 이 독립연구는 다른 학생들이 1년 동안 연구한 프로젝트 중 일부분이다. 교사는 여러 지역 단체와 접촉하여 인턴십이 가능한지 문의하고 엔디아가 지역 교회 합창단에 참여하도록 또한 격려하였다.

마틴

마틴의 재능 프로파일은 수학과 박쥐에 대한 홍미에 집중된다. 마틴의 교사는 시간, 덧셈, 뺄셈을 가르치기 전에 이 영역과 관련된 내용을 이미 완전히 학습했는지 여부를 평가하고 1년 동안 배우는 이들 주제 모두를 완전히 학습하고 있음을 발견하였다. 수학단원에서, 마틴의 교사는 3개의 상위-목적 교육안으로 대체해 주었다. 첫째, 마틴은 물론 다

마틴의 재능개발 행동기록

날짜	학년	교사	심화 집단	교육 과정 압축	탐색 활동 (1부 심화활동)	기술 관련 활동 (2부 심화활동)	학생이 선택한 독립 조사 (3부 심화활동)
9월	2		Mrs. B	수학:			
				시간,			
				돈, 덧셈,			
				빼기,			
				측정			
10월	2		Mrs. B		박쥐에 대한		마틴의 박쥐에
					홍미센터		대한 새로운
11월	2		Mrs. B			듀이 십진법	지식을 사용한
						사용	보드 게임
						인터넷, 컴퓨터	
						사용, 워드 기술	

[도표 26] 마틴의 재능개발 행동기록.

른 학생들도 즐겁게 학습할 수 있도록 박쥐에 대한 흥미센터를 만들었다. 둘째, 마틴과 함께 독립연구를 계획하고 보드게임을 만들었다. 게임주제는 박쥐이다. 보드게임을 준비하기 위해 마틴의 교사는 도서관 사서에게 부탁하여 마틴이 듀이 십진법 체계를 배우고, 박쥐를 보다 자세히 연구할 수 있도록 인터넷 사용법을 배우도록 하였다. 게다가, 마틴이 학교 컴퓨터를 이용하여 워드작업을 할 수 있도록 시간을 마련해 주었다.

크리스타

크리스타가 다니는 학교심화 전문가는 크리스타의 음악적 재능을 키우기 위해서 바쁜 학업 스케줄에도 불구하고 시간을 마련해야 한다는 것을 알았다. 8개 학과목 중 어느 것에도 사전검사를 받지 않았기 때문에 시간을 마련하기란 어려웠다. 그러나 교사는 크리스타의 부모와 체육 선생님에게 면담을 요청하여, 체육시간을 이용하여, 크리스타의 활동을 봐줄 수 있도록 동의를 얻었다. 이렇게 함으로써, 자유롭게 합

크리스타의 재능개발 행동기록

날짜	학년	교사	심화집단	교육과정압축	학생이 선택한 독립조사 (3부 심화활동)		
93/94	7		합창				
94/95	8		합창				
9/94	8	Gunther		독립 프로젝트	국립 학생 합창		
1/95	8	Schultz		독립 프로젝트와	Bye-Bye Birdie		
				보건			

[도표 27] 크리스타의 재능개발 행동기록.

창 리허설 " Bye-Bye Birdie"에 참여하고 앞으로 다가올 국립 학생 합창대회를 위한 특별연습을 할 수 있었다.

앞에서 살펴본 학생들의 재능 프로파일은 서로 다르다. 학생의 연령, 학업적 강점, 흥미 및 선호하는 학습스타일도 다르다. 게다가 각 학교의 인적, 물적 자원도 다르다. 이러한 다양성에도 불구하고, 각 교사는 학생의 재능 프로파일에 적합한 상위-목적 교육안을 제공하였다. 엔디아의 교사는 지역자원을 사용하여 엔디아의 재능을 북돋워 주었다. 마틴의 교사는 기존에 있던 자료를 골라 마틴의 능력과 흥미를 격려해 주었다. 크리스타의 교사 역시 음악 연습을 할 수 있도록 크리스타의 바쁜 시간을 창의적으로 쪼개서 사용하였다. 각 교사마다 지역사회 및 학교에서, 기존의 비용면에서 효과적인 서비스를 활용하여 학생의 강점을 개발하였다. 중요한 것은, 모든 선택안을 쉽게 실시할 수 있다는 것이다.

다음의 마지막 섹션은 학기말에 사용할 만한 제안점들이다. 이들 제안점들은 학기 동안 얻은 학생의 재능 프로파일과 교사, 부모 및 학생이 한 관찰에 근거한다.

제 6 부

필요한 것은 대담성과 잠재가능성을 신중히 생각하는 준비성이다… 이와 같은 노력 속에서, 한 번의 겁쟁이가 되는 것보다 50번 잘못되는 것이 훨씬 더 낳다.

—Gardner Murphy

인간 잠재성

제안점들

교사 및 부모는 학생의 능력, 흥미 및 학습스타일에 초점을 두고, 창의적인 생산성과 학업성취를 장려하기 위해 해마다 하는 제안점을 준비한다. 본 섹션의 상위-목적 학습안(예: 심화집단, 교육과정 압축, 1부 심화, 2부 심화, 그리고 3부 심화활동 등)들이 이전 섹션에서 살펴본 것과 중복됨을 미리 밝힌다.

앞서 언급한 바와 같이,

모든 학교들이 본 섹션에서 살펴본 상위-목적 학습안들을 제공하는 것은 아니다. 각 학교 관계자들은 연속적인 특별 서비스 같은 독특한 심화 및 속진안들을 결합, 발전시켜야 한다. 그러므로 교사들은 학교마다 독특한 상위-목적 학습안과, 필요하다면 이것을 대체할 수 있는 활동들에 대해 잘 알고 있어야 한다.

종합재능 기록표에 대한 제안을 대개 매 학기 말에 하는데, 이 때 교사, 부모 및 학생들은 종합재능 기록표의 정보를 주의 깊게 살펴보고 중요 정보와 여러 관점들이 앞으로 할 활동계획에 반영될 수 있도록 각 기록에 대해 의논한다. [도표 28]에서 볼 수 있는 5개 활동을 근거로 학기말에 면담을 할 수 있다.

다시 마틴, 엔디아, 그리고 크리스타의 예로 돌아가 보자. 교사들은 이들 학생을 위한 제안점들을 준비했다.

종합재능 기록표를 위한 연간 제안점 작성하기

1. 학생의 능력, 흥미는 물론 선호하는 학습스타일에 초점을 둔다.
2. 기존의 학생능력, 흥미와 선호하는 학습스타일을 강화하고 약화시키는 방법을 결정한다.
3. 새롭게 나타나는 능력, 흥미와 선호하는 스타일을 파악한다.
4. 학생의 새로운 재능 프로파일을 개발할 수 있는 상위-목적 학습안을 목표지로 정한다.
5. 종합재능 기록표의 제안난에 내년 학기를 위한 상위-목적 학습안을 기록한다.

[도표 28] 연간 제안점 작성하기.

엔디아를 위한 재능개발 제안점

4학년: 학교와 지역사회의 합창 및 음악 그룹에 가입할 필요가 있다. 엔디아는 또한 연극을 좋아한다. 사회과학과 문학시간에 학생저널 및 대회에 출품할 단편 이야기를 쓸 수 있도록 권장하는 바이다.

5학년: 지역사회 음악과 합창단에 계속 참여하는 것 외에, 엔디아를 다른 지역사회 집단의 일원이 되도록 권장해야 한다. 아마 엔디아가 선택한 집단에 가입할 수 있도록 만남을 주선할 수 있다.

[도표 29] 엔디아를 위한 제안점.

엔디아

4학년과 5학년 말에 엔디아를 위해 활동을 제안하였다. 4학년 말에, 엔디아는 교사와 함께 음악과 작문에 대한 상위-목적 학습활동을 계획했다. 5학년 말에, 교사는 엔디아가 지금까지 하던 상위-목적 활동을 계속하도록 하였다. 특별히, 지역사회에서 하는 집단활동 필요성을 강조했다. 엔디아를 위한 제안점들은 [도표 29]이다.

마틴

마틴의 교사와 어머니는 마틴이 3학년일 때 여러 활동을 제안하였다. 첫째, 교육과정압축이 특히 수학과 과학영역에서 필요했다. 그 외에 마틴은 여름동안 계속 박쥐를 연구할 것이다. 그의 부모들은 박쥐가 겨울 몇 달 동안 지내는 지방 동굴로 여행을 계획했다. 따라서 박쥐에 대한 마틴의 흥미를 3학년 초에 평가하고, 야행성 동물을 연구하는 과학자들과 대화를 나누는 것도 활동에 포함시켰다. 셋째, 마틴의 종합

마틴을 위한 재능개발 제안점

2학년: 마틴은 수학과 과학을 매우 잘한다. 3학년 초에 교육과정압축을 고려하는 것이 바람직하다. 마틴은 박쥐에 대한 연구조사를 확대할 필요가 있으며, 멕시코와 강우림 지역의 상태에 대한 마틴의 흥미를 평가할 필요가 있다. 마틴이 심화프로그램을 받을 수 있도록 추천하는 바이다.

[도표 30] 마틴을 위한 제안점.

재능 기록표에 의하면, 마틴은 멕시코와 강우림 영역에 흥미가 있었다. 마틴의 교사인 브레네만은 필요하다면, 다른 흥미영역도 더 탐색해 볼 수 있도록 3학년 담임 교사와 마틴이 함께 강점과 흥미영역에 대해 이야기할 것을 제안했다. 마지막으로 브레네만 교사는 마틴에게 가을 심화프로그램을 제안했다. 마틴을 위한 제안점들은 [도표 30]이다.

크리스타

슐츠 교사는 크리스타가 음악과 관련된 상위-목적학습 활동을 계속하도록 제안했다. 크리스타의 교사는 모든 음악적 재능을 성취하도록 격

크리스타를 위한 재능개발 제안점

7학년: 계속적으로 모험을 감수하고 음악적 재능을 성취할 수 있도록 크리스타를 격려한다. 과학을 실제 생활조사 속에 결합하여 작품과 서비스를 만들 수 있도록 한다. 사사와 함께, 크리스타는 과학과 관련된 주제에 대해 작곡할 수 있다.

[도표 31] 크리스타를 위한 제안점.

려하였다. 또한 슐츠 교사는 크리스타가 실제 세계를 조사할 수 있도록 과학과 음악에 대한 홍미를 결합할 것을 제안하였다. 크리스타를 위한 제안점들은 [도표 31]에 있다.

결론

이 책에서 학생의 재능을 개발하기 위해 알아야 될 사항에 대해 살펴보았다. 재능개발 과정은 바로 학교를 재구조화한다. 연구자들과 전문가들에 의하면, 변화하는 교육은 생각보다 더 개별화된 과정이다(Barth, 1990; O'Neil, 1995). 학교는 한 번에 변하는 것이 아닐 뿐 더러, 학교는 한 명의 학생도 한 번에 변화시킬 수 없다. 종합재능 기록표는 질적으로 다른 학교 기록물로서, 교사, 부모 및 학생들은 종합재능 기록표를 사용하여 개별학생의 성장을 촉진한다. 이와 같이 함으로써, 학교가 더 많이 변화할 수 있도록 촉진할 수 있다.

변화과정은 학생을 새로운 방식, 즉 그들의 좋은 점을 보면서 시작한다. "좋은점"은 재능지표로서, 현재 상태를 나타내는 정보, 행동 정보, 그리고 학생의 교육목표와 교육과정 외 활동을 통해 알 수 있다. 교사가 필요한 재능프로파일을 만들 때 모두 필요한 것은 아니지만, 종합재능 기록표에 넣을 대부분의 재능지표를 사용해야 한다.

학교 변화과정의 두 번째는 교사, 부모와 학생이 행동계획을 세우고 학생의 독특한 재능지표에 따라 제안점을 찾을 때 시작된다. 행동계획과 제안점들은 학교에서 제공하는 상위-목적 교육안으로 구성된다. 종합적으로 모든 제안점들은 학교의 연속적인 특별 서비스를 구성하게 된다. 수준이 높은 심화와 속진학습에 학생들이 참여하는 기회는 바로 학교의 성공을 결정짓는 주요 기준이다.

이와 같이 질적으로 다른 접근법이 하룻밤에 일어나는 것도 아니며,

교사의 노력만으로도 충분하지 않다. 종합재능 기록표를 사용하기 위해서는 다음의 두 가지가 필요하다-시간과 목적. 효과적으로 변화하기 위해서는 시간적인 여유가 필요하다. 이와 같은 과정을 실시하기 위해선 발달적으로 2년, 3년 혹은 심지어 4년이 걸린다.

실시하는데 어느 정도 시간이 필요한지는 학생을 지도하는 사람의 열의와 목적에 달려 있다(Fullan, 1993). 학생의 삶에 긍정적인 영향을 주고자 하기 때문에 교사 및 학교 당사자들은 교육에 몸담고 있으며, 부모 또한 자녀의 재능에 기초하여 도전적인 학습 기회를 제공하고 재능을 개발해 주기를 바란다. 그러나 많은 교사와 부모는 각자 따로 상위-목적 학습안 기회를 제공하는데 고심한다. 종합재능 기록표는 모든 학생을 위한 독특한 교육적 접근법으로서, 부모, 학생, 그리고 교사를 모두 동참시켜 국가의 미래인 학생을 교육하는 방식에 변화를 주고자 한다. 부모와 교사가 함께 학생의 재능을 파악하고 교사는 재능을 발달시킬 상위-목적 학습기회를 개발한다면, 학생은 물론 학교 또한 성공을 거둘 것이고 더 나아가서는 국가적 번영을 가져올 것이다.

참고문헌

Amabile, T. (1983). *The social psychology of creativity*. New York: Springer-Verlag.

Barth, R. (1990). *Improving schools from within: Teachers, parents, principals can make a difference*. San Francisco: Jossey Bass.

Bensen, V. (1996). Primary art interest-a-lyzer. In J. S. Renzulli (Ed.), *Interest-a-lyzer: Family of instruments* (pp. 53-57). Mansfield Center, CT: Creative Learning Press.

Bloom, B. (Ed.). (1985). *Developing talent in young people*. New York: Ballantine Books.

Burns, D. E. (1990). *If I ran the school*. Unpublished manuscript.

Burns, D. E. (1990). *Pathways to investigative skills*. Mansfield Center, CT: Creative Learning Press.

Burns, D. E. (in press). *The six-phase model for teaching thinking skills*. Mansfield Center, CT: Creative Learning Press.

Burns, D. E. (in preparation). *Textbook triage*. Mansfield Center, CT: Creative Learning Press.

Dewey, J. (1916). *Democracy and education*. New York: MacMillan.

Dunn, R., & Dunn, K. (1992). *Teaching elementary students through their individual learning styles: Practical approaches for grades 3-6*. Boston: Allyn and Bacon.

Dunn, R., & Dunn, K. (1992). *Teaching secondary students through their individual learning styles: Practical approaches for grades 7-12*. Boston: Allyn and Bacon.

Dunn, R., Dunn, K., & Price, G. E. (1977). Diagnosing learning styles: Avoiding malpractice suits against school systems. *Phi Delta Kappan, 58*(5), 418-420.

Fullan, M. G. (1993). Why teachers must become change agents. *Educational Leadership, 50*(6), 12-17.

Galbraith, M., Hennelly, J., & Purves, A. C. (1994). *Using portfolios to nego-*

tiate a rhetorical community (Report series 3.0). Albany, NY: National Research Center on Literature and Teaching.

Gardner, H. (1983). *Frames of mind: The theory of multiple intelligences.* New York: Basic Books.

Goertzel, V., & Goertzel, M. (1962). *Cradles of eminence.* Boston: Little, Brown.

Jordan, M. (1994). *I can't accept not trying.* San Francisco: Harper.

Kettle, K., Renzulli, J. S., & Rizza, M. G. (1998). Products of mind: Exploring student preferences for product development using *My Way... An Expression Style Instrument. Gifted Child Quarterly, 42*(1), 49–60.

Krapp, A., Hidi, S., & Renninger, K. A. (1992). Interest, learning, and development. In K. A. Renninger, S. Hidi, & A. Krapp (Eds.), *The role of interest in learning and development* (pp. 3–26). Hillsdale, NJ: Lawrence Erlbaum.

McCarthy, B. (1990). Using the 4MAT system to bring learning styles to schools. *Educational Leadership, 45*(2), 31–36.

McGreevy, A. (1982). *My book of things and stuff: An interest questionnaire for young children.* Mansfield Center, CT: Creative Learning Press.

Murphy, G. (1958). *Human potentialities.* New York: Basic Books.

O'Neil, J. (1995). On lasting school reform: A conversation with Ted Sizer. *Educational Leadership, 52*(5), 4–9.

Purcell, J. H., & Siegle, D. (1995). *My turn.* Unpublished manuscript.

Reis, S. M., Burns, D. E., & Renzulli, J. S. (1992). *Curriculum compacting: A complete guide to modifying the curriculum for high ability students.* Mansfield Center, CT: Creative Learning Press.

Reis, S. M., Gentry, M., & Park, S. (1995). *Extending the pedagogy of gifted education to all students* (Research Monograph 95118). Storrs, CT: University of Connecticut, The National Research Center on the Gifted and Talented.

Reis, S. M., & Renzulli, J. S. (1992). Using curriculum compacting to challenge the above-average. *Educational Leadership, 50*(2), 51–57.

Renninger, K. A. (1992). Individual interest and development: Implications for theory and practice. In K. A. Renninger, S. Hidi, & A. Krapp (Eds.), *The role of interest in learning and development* (pp. 361–396). Hillsdale, NJ: Lawrence Erlbaum.

Renzulli, J. S. (1977). *The enrichment triad model: A guide for developing defensible programs for the gifted.* Mansfield Center, CT: Creative Learning Press.

Renzulli, J. S. (1988). The multiple menu model for developing differentiated curriculum for the gifted and talented. *Gifted Child Quarterly, 32*, 298–309.

Renzulli, J. S. (1994). *Schools for talent development: A practical plan for total school improvement.* Mansfield Center, CT: Creative Learning Press.

Renzulli, J. S. (1997). *Interest-a-lyzer: Family of instruments.* Mansfield Center, CT: Creative Learning Press.

Renzulli, J. S., & Reis, S. M. (1997). *The schoolwide enrichment model: A how-to guide for educational excellence* (2nd ed.). Mansfield Center, CT: Creative Learning Press.

Renzulli, J. S., & Smith, L. (1978). *The learning styles inventory: A measure of student preference for instructional techniques.* Mansfield Center, CT: Creative Learning Press.

Renzulli, J. S., Smith, L. H., White, A. J., Callahan, C. M., & Hartman, R. K. (1977). *Scales for rating the behavioral characteristics of superior students.* Mansfield Center, CT: Creative Learning Press.

Renzulli, J. S., Smith, L. H., White, A. J., Callahan, C. M., Hartman, R. K., & Westberg, K. L. (1997). *Scales for rating the behavioral characteristics of superior students* (revised). Mansfield Center, CT: Creative Learning Press.

Starko, A. (1986). *It's about time: Inservice strategies for curriculum compacting.* Mansfield Center, CT: Creative Learning Press.

Sternberg, R. J. (1984). Toward a triarchic theory of human intelligence. *Behavioral and Brain Sciences, 7*, 269–287.

Sternberg, R. J. (1988a). Three facet model of creativity. In R. J. Sternberg (Ed.), *The nature of creativity* (pp. 125–147). Boston: Cambridge University Press.

Sternberg, R. J. (1988b). Mental self government: A theory of intellectual styles and their development. *Human Development, 31*(4), 197–224.

Sternberg, R. J. (1990). Thinking styles: Keys to understanding student performance. *Phi Delta Kappan, 71*(5), 366–371.

부록 A

엔디아, 마틴, 크리스타의 종합재능 기록표

초등학교

엔디아의 종합재능 기록표

기록

개관한 사람	개관한 날짜	자료 첨가 날짜

종합재능 기록표

현재 상태를 나타내는 정보

능력	K	1	2	3	4	5
학년 (강점을 보이는 영역)						
읽기						
언어예술						
수학						
사회학	✔		✔	✔	✔	✔
과학	✔		✔	✔	✔	✔
미술						
음악					✔	✔
신체 교육						
기타:						
표준화된 테스트:						
코네티컷 마스터리 테스트,						
작문					✔	
흥미:						
일반적인 영역:						
무대공연예술						
창의적인 작문과 저널리즘						
수학						
비지니즈와 경영						
운동						
역사	✔		✔	✔	✔	✔
사회활동					✔	✔
순수예술과 공예						
과학	✔		✔	✔	✔	✔
기술						
기타:						

특별한 흥미:

음악

전기문 읽기

단편 이야기 쓰기

선호하는 스타일	K	1	2	3	4	5
선호하는 교수스타일						
토론					✔	✔
강의						
학습게임	✔		✔	✔	✔	✔
매체를 이용한 상호학습						
시뮬레이션						
독립연구	✔		✔	✔	✔	✔
또래교수						
학습센터						
사사제도						
기타:						
선호하는 학습환경						
자기-지향적						
또래-지향적			✔	✔	✔	✔
성인-지향적			✔	✔	✔	✔
결합된						
기타:						
선호하는 사고스타일						
입법적 (창의적)			✔	✔	✔	✔
행정적 (실행적)						
사법적 (평가적)			✔	✔	✔	✔
기타:						
선호하는 표현스타일						
문어식				✔	✔	✔
구어식					✔	✔
조작적						
예술적						
전시/무대 공연					✔	✔
드라마화				✔	✔	✔
서비스/리더십						
대중						
기타:						

종합재능 기록표

행동정보

4학년: 엔디아는 4학년에 비해 눈에 띄게 사물지각을 잘하며 통찰력이 있다. 역사와 문학시간에 있었던 학습토론 시간에 엔디아의 주제에 대한 민감성과 통찰력을 볼 수 있었다. 엔디아는 역사 및 공상적 인물의 동기에 대해서 언급하였다. 엔디아는 인물들 간의 갈등과 그들 내부에서 일어나는 갈등을 이해한다. 엔디아는 나이에 비해 특히 성숙하며 지혜롭다. 열정을 가지고 은유와 비유 등의 표현 요소를 사용하며, 일상적인 용어에서도 사용하려 한다. 다른 학생들은 역사 그 당시 벌어지는 관계만을 살펴보지만, 엔디아는 과거, 현재와 미래를 결합하여 본다.

5학년: 계속 엔디아는 자신의 사고, 감정, 물리적 환경과 주위 환경에 눈에 띄게 민감하다. 담임교사는 여러 차례 엔디아가 운동장에 버려진 주사기를 주우면서, 계속 학교 및 지역사회가 보다 안전한 곳이 되어야 한다고 말하는 것을 들었다.

학생목표

1. 대학에 가서 역사분야에서 학위를 받고 싶다.
2. 과거에 알고 있는 것을 바탕으로 미래를 바라보는 교과서를 쓰고 싶다.
3. 지역사회가 보다 안전한 곳이 될 수 있도록 돕고 싶다.

교육과정 외 활동과 레슨

여름 캠프에 등록했다. 여름캠프에서, 내 나이 또래의 다른 아이들과 이야기를 나눌 기회가 있었다. 다른 아이들과 나 자신에 대해서 알 수가 있다.

여름캠프에서, 진정한 인간이 되려면 어떻게 해야 하는지 배운다고 생각한다.

엔디아의 재능개발 행동 기록

날짜	학년	교사	심화집단	교육과정압축	탐색 활동 (1부 심화활동)	학생이 선택한 독립 조사 (3부 심화활동)	
9월	5	Mr. L	Young Authors Guide	미국사	도시 계획 단체에서의 인턴십	아직 알려지지 않은 영웅에 대한 연구	

엔디아를 위한 재능개발 제안점

유치원

1학년

2학년

3학년

4학년　학교와 지역사회 합창 및 음악 그룹에 가입할 필요가 있다. 엔디아는 또한 연극을 좋아한다. 사회과학과 문학시간에 학생저널 및 대회에 출품할 단편 이야기를 쓸 수 있도록 권장하는 바이다.

5학년　지역사회 음악과 합창단에 계속 참여하는 것 외에, 엔디아는 다른 지역사회 집단의 일원이 되도록 권장해야 한다. 아마 엔디아가 선택한 집단에 가입할 수 있도록 만남을 주선할 수 있다.

초 등 학 교

마틴의 종합재능 기록표

기록

개관한 사람	개관한 날짜	자료 첨가 날짜

종합재능 기록표

현재 상태를 나타내는 정보

능력	K	1	2	3	4	5
학년 (강점을 보이는 영역)						
읽기						
언어예술						
수학	✔	✔	✔			
사회과학	✔	✔	✔			
과학	✔	✔				
미술						
음악						
신체 교육						
기타:						
표준화된 테스트:						
흥미:						
일반적인 영역:						
무대공연예술		✔	✔			
창의적인 작문과 저널리즘						
수학	✔		✔	✔	✔	✔
비지니즈와 경영						
운동						
역사						
사회활동						
순수예술과 공예						
과학	✔	✔	✔			
기술		✔	✔			
기타:						

특별한 흥미:
포유류—박쥐
강우림 생태
멕시코

선호하는 스타일	K	1	2	3	4	5
선호하는 교수스타일						
토론	✔	✔	✔			
강의						
학습게임	✔	✔	✔			
전자매체를 이용한 상호학습		✔	✔			
시뮬레이션	✔	✔	✔			
독립연구						
또래교수	✔	✔	✔			
학습센터						
사사제도	✔	✔	✔			
기타:						
선호하는 학습환경						
자기-지향적	✔	✔	✔			
또래-지향적						
성인-지향적	✔	✔	✔			
결합된						
기타:						
선호하는 사고스타일						
입법적 (창의적)	✔	✔	✔			
행정적 (실행적)						
사법적 (평가적)						
기타:						
선호하는 표현스타일						
문어식						
구어식		✔	✔			
조작적		✔	✔			
예술적		✔	✔			
전시/무대 공연						
드라마화		✔	✔			
서비스/리더십						
대중						
기타:						

종합재능 기록표

행동정보

4학년: 마틴은 수에 대해 많은 것을 안다. 곱하기에 대해 질문하였으며 이것이 왜 더하기를 빨리 하는 방법이냐고 질문을 하여 교사를 놀라게 하였다.

또한 포유류, 특히 박쥐에 대해 지속적인 흥미를 보인다. 학기 초부터 흥미를 보였으며, 계속 이 동물에 대한 정보를 많이 얻으려고 한다. 마틴은 박쥐에 대한 정보를 더 얻는데 도움이 필요하다.

2학년 담임교사 브레네만, 10/1

2학년: 마틴은 2학년 수준 이상의 박쥐에 대한 책을 보느라고 도서관에서 많은 시간을 보낸다. 어떤 페이지를 이해하지 못하면, 나에게 와서 그 단어가 무슨 뜻인지 가르쳐 달라고 한다. 마틴의 지속적이고 눈에 띄는 흥미로 인해, 주제에 대한 추후활동 시 부가적인 도움이 필요할 것으로 생각된다.

도서관 사서 리클리, 10/15

학생목표

1. 박쥐에 대해 알고 있는 누군가와 이야기하고 싶다.
2. 박쥐가 살고 있는 동굴에 갈 것이다.
3. 수에 대해 생각할 더 많은 시간을 갖고 싶다.
4. 멕시코와 강우림에 대한 책을 읽고 싶다.

교육과정 외 활동과 레슨

마틴은 보이 스카우트와 밖에서 하는 활동을 좋아한다. 나무로 성을 짓고 그 안에 덫(Booby Trap) 만드는 것을 좋아한다.

마틴의 재능개발 행동 기록

날짜	학년	교사	심화집단	교육과정압축	탐색 활동 (1부 심화활동)	기술 관련 활동 (2부 심화활동)	학생이 선택한 독립 조사 (3부 심화활동)
9월	2	Mrs. B		수학: 시간,			
				돈, 덧셈,			
				뺄셈, 측정			
10월	2	Mrs. B			박쥐에 대한		마틴의 박쥐에
					흥미센터		대한 새로운
11월	2	Mrs. B				듀이 십진법	지식을 사용한
						사용과 인터넷.	보드게임
						컴퓨터 사용:	
						워드 기술	

마틴을 위한 재능개발 제안점

유치원

1학년

2학년 마틴은 수학과 과학을 매우 잘한다. 3학년 초에 교육과정압축을 고려하는 것이 바람직하다. 마틴은 박쥐에 대한 연구조사를 확대할 필요가 있으며, 멕시코와 강우림 지역의 상태에 대한 마틴의 흥미를 평가할 필요가 있다. 마틴이 심화프로그램을 받을 수 있도록 추천하는 바이다.

3학년

4학년

5학년

중·고등학교

크리스타의 종합재능 기록표

기록

개관한 사람	개관한 날짜	자료 첨가 날짜

종합재능 기록표

현재 상태를 나타내는 정보

능력	6 (92-93)	7 (93-94)	8 (94-95)	9	10	11	12
학년 (강점을 보이는 영역)							
읽기	✔	✔	✔				
언어예술	✔	✔	✔				
수학	✔	✔	✔				
사회과학	✔	✔	✔				
과학	✔	✔	✔				
미술	✔	✔	✔				
음악: 합창	✔	✔	✔				
신체 교육	✔	✔	✔				
기타: 밴드	✔	✔	✔				
표준화된 테스트:							
CTBS 전체	✔		✔				
CTBS 읽기	✔		✔				
CTBS 언어	✔		✔				
CTBS 수학	✔		✔				
흥미:							
일반적인 영역:							
무대공연예술			✔				
창의적 작문과 저널리즘			✔				
수학							
비지니즈와 경영							
운동							
역사							
사회활동							
순수예술과 공예							
과학				✔			
기술							
기타:							

특별한 흥미:
- 성악
- 야생 생물학
- 밴드
- 자전거 타기
- 달리기
- 하이킹
- 스키
- 승마

선호하는 스타일	6 (92-93)	7 (93-94)	8 (94-95)	9	10	11	12
선호하는 교수스타일							
토론							
강의							
학습게임							
전자매체를 이용한 상호학습			✔				
시뮬레이션			✔				
독립연구			✔				
또래교수							
학습센터							
사사제도							
기타:							
산출물 지향적			✔				
선호하는 학습환경							
자기-지향적			✔				
또래-지향적							
성인-지향적							
결합된							
기타:							
선호하는 사고스타일							
입법적 (창의적)			✔				
행정적 (실행적)							
사법적 (평가적)			✔				
기타:							
선호하는 표현스타일							
문어식			✔				
구어식			✔				
조작적							
예술적							
전시/무대 공연			✔				
드라마화							
서비스/리더십			✔				
대중							
기타:							

종합재능 기록표

행동정보

크리스타는 음악에 재능이 있다. 아름다운 목소리를 가지고 있으며, 국립학생합창단 단원이 되는 꿈을 이루기 위해 부단히 노력한다. 크리스타는 또한 악기를 다루는 데도 다재다능하다. 프랑스 혼을 잘 연주하며 기타를 배우는 중이다. 그리고 무대 공연예술에 관심이 많다. 국립학생합창 단원이 되는 꿈을 이루기 위해선 도움이 필요하며, 기타 연주를 계속 배우도록 격려해야 한다.

8학년 심화전문가 슐츠 교사

학생목표

1. 뮤지컬에 참가하기.
2. 기타를 배워서 혼자서도 연주하기.
3. 국립학생합창단 단원이 되기.

교육과정 외 활동과 레슨

학생회 회장에 가입

학생 합창단 단원

합창, 장기 클럽과 연감을 만드는 단원

주마다 하는 기타 레슨

주마다 하는 스키 레슨

크리스타의 재능개발 행동 기록

날짜	학년	교사	심화집단	교육과정압축	학생이 선택한 독립 조사 (3부 심화활동)		
93/94	7		합창				
94/95	8		합창				
9/94	8	Gunther		독립 프로젝트	국립학생합창		
1/95	8	Schultz		독립 프로젝트	Bye-Bye Birdie		
				와 보건			

크리스타를 위한 재능개발 제안점

6학년

7학년 계속적으로 모험을 감수하고 음악적 재능을 성취할 수 있도록 크리스타를 격려한다. 과학을 실제 생활조사 속에서 결합하여 산출물과 서비스를 만들 수 있도록 한다. 사사와 함께, 크리스타는 과학과 관련된 주제에 대해 작곡할 수 있다.

8학년

9학년

10학년

11학년

12학년

부록 B

Interest-A-Lyzers

Joseph Renzulli
Mary G. Rizza
University of Connecticut

PRIMARY INTEREST-A-LYZER

이름: ______________________ 나이: ______________________

교사: ______________________ 날짜: ______________________

교사 및 부모에게

본 *Interest-A-Lyzer*는 유치원 아동부터 3학년 학생까지 대상으로 전체 학급에서 실시할 수 있습니다. 특히, 잘 읽지 못하는 학생에게는 특별한 주의를 기울여 주시기 바랍니다. 전체 지시문을 읽어줄 때나 문제를 계속 풀도록 하기 위해 각 문제마다 있는 그림 단서를 이용할 수 있습니다. 학생의 반응 및 어떤 글자를 쓴 것인지 알아보기 힘든 경우에, 다른 사람의 도움을 얻을 수 있습니다.

본 도구의 해석은 *Interest-A-Lyzer*의 다른 버전들과 유사하며 더 넓은 범주 내에서 학생의 반응을 살펴봅니다. 정보가 많을수록 해석하기 더 쉽습니다. 가능하면, "왜" "얼마나 오랫동안" 혹은 "더 있니" 등의 질문을 통해, 될수록 많은 정보를 얻어야 합니다.

본 도구는 학생들과 긍정적이고 즐거운 활동을 할 수 있는 기회를 제공할 뿐 아니라, 학생은 물론 그들의 비학문적인 흥미도 파악할 수 있도록 해 줍니다. 본 도구에서 기억할 것은 정답이 없다는 것입니다. 각별히 주의하셔서 각 반응이 정말 학생 자신의 흥미인지 확인해야 합니다. 시간제한은 없고, 학생들을 충분히 격려하여 도구에 직접 기입하기 전에 어떻게 대답할 지 생각할 수 있도록 해 주십시오.

어떤 종류의 책 읽기를 좋아하나요?

무슨 책을 좋아하나요?

어떤 클럽이나 팀에 다니고 있나요? 무엇인지 말해 주세요.

과거로 여행할 수 있다고 상상해 보세요. 어디로 갈 건가요?

THE INTEREST-A-LYZER

Joseph S. Renzulli
University of Connecticut

학생: ______________________ 나이: ______________________
학교: ______________________ 학년: ______________________
날짜: ______________________

본 질문지는 여러분들이 자신의 홍미와 앞으로 홍미가 생길 영역을 찾도록 도와주는데 그 목적이 있습니다. 질문지는 테스트가 아니므로 정답은 없으며 여러분의 대답은 비밀이 보장됩니다. 만약 교사나 다른 학생들과 본 질문지에 대해 이야기를 나누고 싶다면, 그렇게 할 수 있습니다.

일부 심화활동 시간을 사용하여 개인 혹은 소집단 프로젝트를 할 것입니다. 이 때 여러분에게 홍미 있는 프로젝트를 할 수 있기를 바랍니다. 그러므로 여러분이 어떤 것에 홍미가 있는지 생각할 필요가 있습니다.

홍미를 찾는 좋은 방법은 지금 무엇을 하고 싶은지, 그리고 기회가 주어진다면 무엇을 하고 싶은지 생각하는 것입니다. 다음의 질문은 "상상해 보세요"라는 형식으로 이뤄졌으며, 이 가상적 상황에서 여러분이 내릴 결정에 대해 생각해 보는 것입니다.

문제를 읽을 때 친구가 어떻게 쓸지, 또 친구가 여러분의 대답에 대해 어떻게 느낄지 생각하지 마십시오. 기억할 것은 여러분이 비밀을 원한다면, 어떻게 대답했는지 아무도 알 수 없습니다.

지금 당장 질문에 대답하지 않아도 됩니다. 반복해서 읽고 며칠 동안 생각한 후에 대답해도 됩니다. 다른 사람과 질문에 대해 의논하지 마십시오. 때때로 다른 사람의 의견이 영향을 미쳐서 여러분 자신의 홍미를 찾는데 방해가 될 수 있습니다. 본 도구는 여러분 자신의 홍미에 대해 생각하도록 하는 것이 목적입니다.

1.

여러분의 학급이 비디오 제작 회사를 만들었다고 상상해 보세요. 처음에 학생마다 서명을 하고 그 다음에 아래에 있는 직업 중 하나를 선택합니다. 여러분은 첫 번째로 무엇을 선택할 것인가요? 첫 번째는 1을, 두 번째는 2를, 그 다음에는 3으로 표시해 주세요.

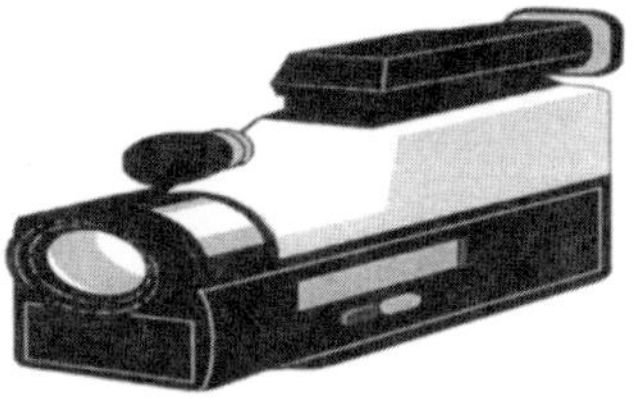

____ 배우
____ 디렉터
____ 음악가
____ 비지니즈 운영자
____ 컴퓨터 효과 음향 전문가
____ 후원자
____ 광고 담당자
____ 스크립트 구성작가
____ 의상 디자이너
____ 배경 디자이너
____ 조명/ 음향 담당자
____ 카메라 담당자
____ 무용가

2.

유명한 책의 작가라고 상상해 보세요. 책의 주제는 무엇인가요? 하나만 동그라미 하세요.

순수예술	비지니즈	과학
수필	역사	사회 활동
스포츠	수학	무대 공연 예술
기술		

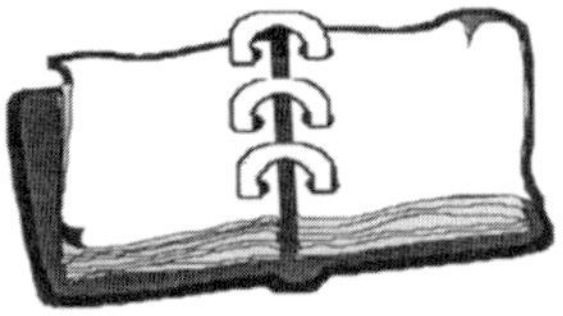

무엇에 대한 것인가요?

____

____

____

책의 제목은 무엇인가요?

____

SECONDARY INTEREST-A-LYZER

Interest-A-Lyzer

Thomas P. Hébert
The University of Alabama

Michele F. Sorensen
Berlin, Connecticut Public Schools

Joseph S. Renzulli
The University of Connecticut

본 도구는 홍미개발 도구이며, 학기 중에 여러분의 특별한 홍미영역을 개발하기 위한 기초자료로서 활용됩니다. 여러분이 제공하는 정보는 비밀이 보장됩니다. 본 조사결과에 따라 학습경험을 제공함으로써, 여러분의 홍미 및 재능을 개발하고 학습 잠재력에 도전을 제공하고자 합니다.

각 질문을 주의 깊게 읽고 가능한 한 여러분의 홍미를 분명하게 나타낼 수 있도록 자세한 정보를 주시기 바랍니다.

이름: ____________________

학년: ____________ 날짜: ____________

학교: ____________________

1. 고등학교에서 하는 과정에 싫증을 느낄 수 있습니다. 교장 선생님의 요청으로, 여러분은 비슷한 흥미를 가진 사람을 모아 적절한 과정을 디자인하게 되었습니다. 그 과정을 어떻게 부르면 좋을까요? 무엇을 배우나요?

2. 교육 위원회는 학생 개개인이 선택한 곳으로 견학을 갈 수 있도록 재정지원하기로 결정하였습니다! 여러분은 어디로 갈 것인가요? 가고 싶은 곳 3곳과 그 곳에서 무엇을 할지 적어주세요. 왜 그렇게 생각했나요?

3. 여러분은 책을 다 쓰고 출판하려고 합니다. 제목이 무엇입니까? 그 책은 무엇에 관한 내용인가요?

4. 여러분은 고등학교에서 콘서트를 계획하라는 요청을 받았습니다. 예산은 무한정으로 책정이 되었습니다! 저녁 프로그램으로 계획한 음악연주를 3개 적어주세요.

Primary

Art Interest-A-Lyzer

Vidabeth Bensen

이름: ______________________ 나이: ________ 학년: ________

학교: ______________________ 날짜: ________________

본 질문들은 여러분이 미술에 대해 어떻게 느끼는지 알아보자고 합니다. 따라서 정답이 없습니다. 여러분이 하고 싶은 미술 프로젝트에 참여하길 바랍니다. 질문에 대해 생각할 시간이 있으므로, 질문에 대답하기 전에 먼저 잘 생각해 주십시오. 친구가 느끼는 것이 아니라 여러분이 느끼는 대로 질문에 대답하는 것이 중요합니다. 본 도구를 통해 미술에 대해 여러분이 어떻게 느끼고 있는지 알아보는 것이 목적입니다.

1. 다음 중 어떤 것을 여가시간 중에 하고 싶은가요?

____ 책에 색칠하기
____ 그림 그리기
____ 그림에 색칠하기
____ 기타

____ 예술에 관한 책이나 잡지 보기
____ 박물관 가기
____ 다른 예술자료 사용하기

______________ ______________ ______________
______________ ______________ ______________

2. 미술 프로젝트를 한다면, 여러분은 어떤 것을 할 것인가요?

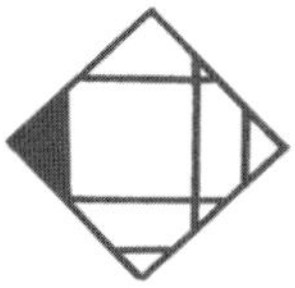

____ 그림 그리기
____ 사진 찍기
____ 콜라주 하기

____ 조각작품
____ 실크 스크린 프린트
____ 기타

3. 다음 직업 중 어떤 것에 대해 더 알고 싶은가요?

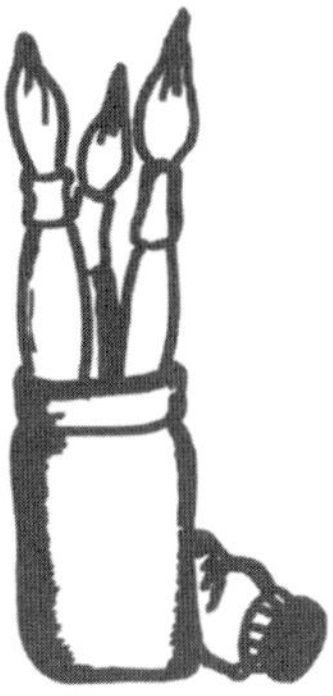

____ 미술 선생님
____ 화가
____ 만화가
____ 카드 디자이너
____ 무대 디자이너
____ 건축가
____ 미술사 연구자

____ 일러스트레이터
____ 패션 디자이너
____ 패션 일러스트레이터
____ 사진가
____ 의상 디자이너
____ 박물관 사람

4. 여러분이 그림을 그리거나 색칠하고 싶은 것은 무엇인가요?

______________ ______________ ______________
______________ ______________ ______________

ART INTEREST-A-LYZER

Vidabeth Bensen

이름: ______________________ 나이: __________

학교: ______________________ 학년: __________

날짜: __________

미술은 매우 개인적인 주제입니다. 미술에 대해 느끼는 방식에 더 익숙해지려면, 본 Art Interest-A-Lyzer의 질문에 대한 여러분의 대답이 필요합니다. 본 질문은 시험이 아니므로 정답은 없습니다.

여러분의 일부 미술활동 시간을 사용하여 소집단 혹은 개인적으로 프로젝트를 할 수 있습니다. 여러분에게 흥미가 있는 프로젝트를 할 수 있기를 바랍니다. 그러나 정말 여러분에게 흥미 있는 것이 무엇인지 알기 위해서는 생각을 해야 합니다.

이 질문에 대답할 때 충분히 시간을 가지고, 여러분이 어떻게 느끼는지 생각해 보십시오. 여러분의 친구가 어떻게 느끼는지가 아닙니다. 끝까지 질문에 대답하기 전까지 어느 누구와도 질문에 대해 이야기하지 마십시오. 여러분의 대답은 비밀이 보장됩니다. 만약 여러분이 나중에 교사 및 친구들과 질문에 대해 이야기를 나누고 싶다면, 그렇게 할 수 있습니다.

Art Interest-A-Lyzer는 미술에 대한 여러분의 흥미를 생각하도록 하는데 그 목적이 있습니다.

1. 다음 중 어떤 것을 여가시간 중에 하고 싶은가요?

____ 그림 그리기
____ 그림 색칠하기
____ 유명한 예술가에 대한 글 읽기
____ 예술에 관한 잡지 읽기
____ 박물관이나 미술관 방문하기
____ 여러 예술품과 공예품 조사하기
____ 진흙으로 작업하기
____ 예술과 공예품에 대한 비디오 및 영화 보기
____ 예술가나 조각가의 작업실 방문하기
____ 기타 ______________________________

2. 미술 도구를 사려고 기금을 마련하는 미술그룹의 단원이라고 상상해 보세요. 각 단원은 각자 예술품을 만들고 파는 프로젝트에서 어떤 것을 할지 정하기로 했습니다. 여러분은 다음의 것 중에서 어떤 것을 결정했는지 순서대로 1, 2, 그리고 3으로 적어주세요.

____ 그림 그리기
____ 조각하기
____ 광고용 사진 찍기
____ 바닥에 까는 선전용 전단 만들기
____ 실크스크린 인쇄물 만들기
____ 인쇄할 티셔츠 만들기
____ 콜라주 하기
____ 보석공예하기
____ 그림틀을 만들고 붙이기
____ 전시물을 설치하고 진열하기
____ 기타 ______________________________

3. 여러분의 선생님은 유명한 예술가에 대한 전기물을 읽고, 보고서를 쓰는 숙제를 내 주었습니다. 여러분은 어떤 예술가의 전기를 읽고 싶은가요? 아래에 적어 주세요.

____
____
____

부록 C

초등학생의 평가기준과 교사의 평가기준

초등학생의 평가기준과 교사의 평가기준

읽기/작문

- 내가 가장 잘 교정 한 에세이이다.
- 종합재능 기록표에 넣으려고 선택했을 정도로 많은 수식어를 사용하여 이 시를 지었다.
- 나의 에세이를 보면, 이 주제에 대해 얼마나 열심히 생각했는지 알 수 있다.
- 내가 쓴 단편 이야기에 만족한다.
- 나는 이 시를 골랐는데 그 이유는 나의 필체를 가장 잘 나타내기 때문이다.
- 이 4개 저널에 내 글이 실린다는 것은 나에게 기적처럼 중요한 것이다.
- 이 시를 통해, 나는 여러 방식으로 인생에 대해 생각하게 되었다.
- 내가 쓴 사설은 교복에 대한 나의 생각을 잘 나타낸다.
- 과제로 한 이 글에 많은 노력을 들였으며, 새로운 변화를 시도하였다.
- 나의 포트폴리오 일기에서 이것을 발췌하였다. 이것을 썼을 때, 나의 감정을 잘 정리하여 보여주는 글을 썼다고 생각했다.
- 나는 이 책 표지를 좋아한다. 아마 어린이는 그림과 이야기 속에서 어떤 일이 벌어질지 보여주는 이 그림을 좋아할 것이다.
- 우리가 논쟁하는 것을 찍은 비디오테이프는 중요하다. 이것을 이용하여 연구결과를 발표할 것이다.

과학

- 이 그림은 식물과 여러 다른 종류의 비료를 가지고 한 연구를 잘 보여준다. 이것은 나의 최고 연구이다.
- 나의 실험 보고서를 보면, 얼마나 주의를 기울여 실험관찰을 하였는지 알 수 있다.
- 여러 나방과 나비를 그린 그림이다. 진짜처럼 보이도록 열심히 관찰하

였다.

- 이것은 대답할 수 없는 질문들로 내가 좋아하는 것이다. 언젠가 나는 이 질문에 대해 대답을 할 수 있을 것이다.
- 나의 포트폴리오에 이 현미경 사진을 넣을 것이다. 현미경은 내가 좋아하는 기구이다.
- 내가 좋아하는 것은 허리케인이다. 나의 포트폴리오에 허리케인의 경로에 대한 지도를 넣을 것이다. 주의를 기울여 나 스스로 차트를 만들었다.
- 이것은 처음으로 만든 팜플렛으로 지구에 대해 관심을 갖자는 내용이다.
- 종이공작을 좋아함으로 이 종이 비행기를 나의 포트폴리오에 넣을 것이다. 각각 다르게 디자인 하였다.

사회과학

- 제시 제임스에 대한 보고서에서 나는 일차 자료를 사용하였다.
- 이 구전 역사는 내가 사람들에게 질문해서 얻은 것이다.
- 나의 포트폴리오에 고무판화를 넣을 것이다. 그것은 재미있고, 새로운 것을 배울 수 있었다.
- 도시 재계획에 대한 뉴스레터를 포트폴리오에 넣을 것이다. 올 한 해 동안 자원봉사를 했기 때문에, 그 안에 내 이름이 포함되어 있다. 일 년은 아주 긴 시간이다.
- 포트폴리오에 넣을 정치만화를 선택했다. 내가 그린 대통령 얼굴은 정말 우습게 보인다.
- 학교에 연설가를 초대하여 대담한 문구를 선택할 것이다. 연설가의 인생을 찾아보는 것도 힘들었고 전체 학생 앞에서 연설가에게 말하는 것도 힘들었다.
- 나의 기말고사 성적을 포트폴리오에 넣을 것이다. 내가 쓴 2차 세계대전에 대한 에세이는 2차 세계대전에 대해 내가 알고 있는 것을 잘 나타낸다.

- 포트폴리오에 이 테이프, 미국에서 캄보디아까지의 엄마의 여행담을 넣을 것이다. 이 테이프는 엄마에 대해 모르는 많은 것을 얘기해 주었다. 비록 아직 이 테이프를 끝내지 못했지만, 어쨌든 끝마칠 수 있으므로 포트폴리오에 넣을 것이다. 나는 엄마에 대한 이야기를 자랑스럽게 생각한다.

미술

- 이 수채화를 보면 붓들을 어떻게 사용하는지 알 수 있다.
- 나의 사진은 사람들이 얼마나 행복해 하는지 보여준다.
- 내가 그린 최고의 만화이다. 그들은 내가 하지 않는 일들을 할 수 있는 사람들이다.
- 이 모빌은 정말 균형감각이 잘 잡혔다.
- 이 종이접기는 내가 한 가장 복잡한 것이다.
- 이 진흙으로 만든 구슬 팔찌를 아직 끝내지 않았지만, 그래도 최고이다. 나는 포트폴리오에 이것을 넣을 것이다. 정말 잘 만든 패턴이다.

수학

- 컴퓨터로 만든 칼라 그래프이다. 심지어 내 동생도 이해할 수 있다!
- 기하학적 모양을 잘 이용하여 패턴을 만들었으므로 포트폴리오에 이 바둑판무늬 짜기를 넣을 것이다.
- 정말 수학문제를 잘 풀었기 때문에 나는 포트폴리오에 나의 수학 올림피아드 경시대회 점수를 넣을 것이다.
- 내가 만든 여러 크기의 천사모양 종이접기가 좋다.
- 학교에서 일어나는 컨닝에 대한 보고서가 자랑스럽다. 수학 선생님의 도움을 거의 받지 않고 나는 질문지를 만들었다.

외국어

- 이 동전수집을 보면 내가 얼마나 힘들여서 프랑스 모든 화폐를 단위별로 수집했는지 알 수 있다.

- 내가 디자인한 생일카드가 자랑스럽다. 프랑스어를 사용해서 만들었고, 프랑스 출신의 사람도 친구에게 이 카드를 보낼 수가 있다.
- 특히, 테이프에서 듣는 악기 소리를 좋아한다. 스페인 음악을 들을 때처럼, 악기소리를 내려고 한다.
- 정말 생생하게 이탈리아 페스티발을 학교에 소개하였다. 나는 이탈리아적으로 보이게 하려고 연구하는 것이 좋았다.

직업 예술

- 종합재능 기록표에 넣을 나의 램프의 사진을 선택했다. 왜냐하면, 아무도 이런 생각을 하지 않았기 때문이다.
- 돼지가 나올 수 없는 동물 우리에 대한 새로운 아이디어를 좋아한다.
- 나는 이 치마 디자인을 선택할 것이다. 나는 허리선을 바꿨으며 단추를 앞에서부터 아래로 내려오도록 디자인 하였다.
- 나는 하이퍼가드 스택을 포트폴리오에 넣을 것이다. 이것을 만들 때 정말 여러 클릭 버튼과 스크립트 언어를 사용하였다.
- 포트폴리오에 넣기 위해, 비록 아직 끝내지 않았지만 집 설계하기를 선택할 것이다. 이것을 할 때, 나는 CAD/CAM을 어떻게 사용하는지 배울 수 있었다.

운동

- 균형잡기 팀에서 2등상 받는 비디오테이프를 선택했다.
- 나의 운동실력으로 받은 상을 넣고 싶다.
- 나의 신체적으로 균형 잡힌 몸을 찍은 사진을 넣을 것이다. 나는 신체를 단련하기 위해 아주 많이 노력하였다.
- 올 해 우리 팀이 얼마나 발전했는지 보여주는 신문 스크랩을 포트폴리오에 넣을 것이다.
- 이것은 우리 배구팀 사진인데, 지난 경기에서 매우 중요한 시점에 점수를 내서 이겼다.

부록 D

가정방문 편지와 나의 개인전시

학부모님께:

올 해, 귀하의 자녀에 대한 학습상황을 조사하여, 학생의 강점과 능력에 따라, 그들의 재능을 발달, 격려하려고 합니다.

즉 귀하 자녀의 재능 프로파일을 만들려고 하며, 이에 도움을 요청하는 바입니다. 재능은 교외활동을 포함한 여러 경험에서 생깁니다. 다음에 첨부한 “나의 개인전시?”에 응답하셔서 자녀의 교육과정 외 활동에 대해 기록해 주시기 바랍니다. 가장 중요한 것으로 생각하는 자녀의 작품, 레슨, 성취 및 리더십 활동 등을 첨부한 “나의 개인 전시”에 기록해 주십시오.

또한 부모 면담시, 학생의 교육과정 외 활동에 대해서 이야기 해 주셔서, 학생의 홍미와 능력을 파악할 수 있도록 해 주십시오. 부모님의 답변은 학생의 재능을 발달, 격려하는데 사용될 것입니다.

혹시 귀하 자녀를 가장 잘 알 수 있는 방법과 질문과 관련하여 어떤 제안을 하시길 원하시면, 담임교사에게 연락해 주시기 바랍니다.

감사드립니다.

내가 좋아하는 레슨

1. ______________________________

2. ______________________________

3. ______________________________

내가 가장 자랑스럽게 생각하는 프로젝트나 산출물

1. ______________________________

2. ______________________________

3. ______________________________

내가 하고 있는 리더역할

1. ______________________________

2. ______________________________

3. ______________________________

내가 한 가장 훌륭한 성취

1. ______________________________

2. ______________________________

3. ______________________________

부록 E

행동정보양식

활동정보 메시지

일반적인
교육과정 영역 ___________________

활동 및 주제 ___________________

아래 빈 공간에, 개별학생 및 소집단 학생의 높은 수준의 과제집착력과 창의성을 관찰할 수 있었던 사건과 상황을 간단히 기술해 주십시오. 학생들이 자신의 흥미에 몰두할 수 있도록 학습자료 및 방법은 물론 상위수준의 추후 활동에 대한 여러분의 생각을 적어주십시오.

____

____

____

____

____

____

____

____

____

____

____

___________________에게

___________________부터

날짜: ___________________

☐ 연락요망

☐ 미팅을 위해 연락을 취할 것임

학생 이름: ___________________

J.S.R

초등학교 양식

누구에게: 심화 전문가

_______ 프로그램 조정자

_______ 기타

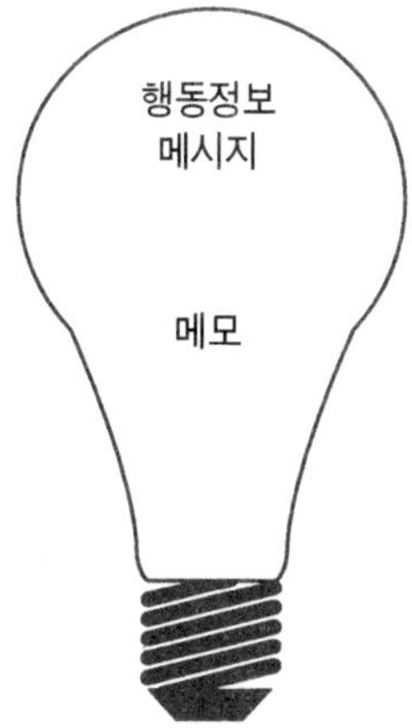

누구로부터 학생이름: ________________

교사이름: ________________

기타: ________________

일반적인 교육과정 영역: ________________________________

____

연구 아이디어: ____

____

____

아래 빈 공간에, 개별학생 및 소집단 학생들의 높은 수준의 과제집착력과 창의성을 관찰할 수 있었던 사건과 상황을 간단히 기술해 주십시오. 학생들이 자신의 흥미에 몰두할 수 있도록 학습자료 및 방법은 물론 상위수준의 추후활동에 대한 여러분의 생각을 적어주십시오.

받은 날짜: ________________________

인터뷰 날짜: ______________________

사사 필요성 유무: ____________________ 예 아니오

3부 심화활동 책임자:

위의 양식은 모두 세 부분으로 구성된 NCR 종이로 되어 있으며, Creative Learning Press에서 100개 단위로 구입가능하다. 실제 사이즈: $8\frac{1}{2}'' \times 11''$

중 · 고등학교 양식

부록 F

종합재능 기록표의 예

종합재능 기록표

나의 선생님 이름	년도: ________	학년: ________
____________________	____________________	
____________________	____________________	
____________________	____________________	
____________________	____________________	

선호하는 것과 강점

주제 영역	나의 5가지 선택	내가 잘하는 5가지
읽기		
작문		
맞춤법		
수학		
사회과학		
과학		
미술		
음악		
체육		
다른 것:		

내가 좋아하는 특별한 주제

내가 배운 것은	나의 5가지 선택	내가 잘하는 5가지
보고서, 이야기		
말하기		
프로젝트		
미술작품		
그림/ 도표		
전시		
연극		
봉사하기		
미디어		
다른 것:		

주: 학생은 한 가지 색연필이나 연필로 쓴다. 그 다음 학생의 강점에 대한 학생의 지각과 어른의 지각이 유사한지 다른지 쉽게 알 수 있도록 교사와 부모는 다른 색깔로 기록한다.

배우는 방법	내가 좋아하는 것	내가 잘 하는 것
이야기 나누기		
듣기		
읽기		
보기		
게임		
컴퓨터		
체험/흉내내기		
센터		
만들기/하기/움직이기		
혼자 하기		
짝과 하기		
그룹으로 하기		
어른과 하기		
선택과 선택권		
자세한 지시받기		

일반적인 흥미	
무대공연예술	
창의적인 작문과 저널리즘	
수학	
비지니즈/경영	
운동	
역사	
사회운동	
순수예술과 공예	
과학	
기술	
다른 것:	

특별한 흥미

내가 학교 밖에서 하는 활동, 클럽 및 레슨

집에서 하는 가족활동, 특별한 경험 및 프로젝트

나의 재능은:

올 해, 내가 하고 싶은 것은:

교육과정 수정, 차별화 및 심화 프로그램

	읽기	작문	맞춤법	문법	필체	수학	사회과학	과학	음악	미술	체육	도서관
1. 학생의 흥미와 스타일 등을 파악한다.												
2. 목표를 범주별로 분류한다.												
3. 교육과정 요소를 평가한다.												
4. 실제 생활과 연관성이 있는지 브레인스토밍으로 알아본다.												
5. 지식영역과 연관짓는다.												
6. 목표를 확대한다.												
7. 흥미 있는 도입활동을 만든다.												
8. 활동적인 학습기회를 선택한다.												
9. 실제적인 요소를 포함한다.												
10. 부모를 참여시킨다.												
11. 진단 도구를 사용한다.												
12. 학생들 간에 서로 관련된 차이점을 파악한다.												
13. 개방식 활동을 활용한다.												
14. 교육과정을 확장할 선택안을 제공한다.												
15. 원거리 교육을 실시한다.												
16. 소그룹 학습활동을 제공한다.												
17. 전체집단 심화활동을 제공한다.												
18. 인지적 기술을 가르친다.												
19. 센터 및 계약(contract)을 사용한다.												
20. 시뮬레이션을 조직한다.												
21. 학생들에게 간단히 다시 설명한다(debriefing).												
22. 연장활동을 제안한다.												
23. 심화집단을 제공한다.												
24. 재능개발 기회로 연계한다.												

학습과 재능개발 제안점

	읽기	작문	맞춤법	문법	필체	수학	사회과학	과학	음악	미술	체육	도서관
1. 학생의 흥미와 스타일 등을 파악한다.												
2. 목표를 범주별로 분류한다.												
3. 교육과정 요소를 평가한다.												
4. 실제 생활과 연관성이 있는지 브레인스토밍으로 알아본다.												
5. 지식영역과 연관짓는다.												
6. 목표를 확대한다.												
7. 흥미 있는 도입활동을 만든다.												
8. 활동적인 학습기회를 선택한다.												
9. 실제적인 요소를 포함한다.												
10. 부모를 참여시킨다.												
11. 진단 도구를 사용한다.												
12. 학생들 간에 서로 관련된 차이점을 파악한다.												
13. 개방식 활동을 활용한다.												
14. 교육과정을 확장할 선택안을 제공한다.												
15. 원거리 교육을 실시한다.												
16. 소그룹 학습활동을 제공한다.												
17. 전체집단 심화활동을 제공한다.												
18. 인지적 기술을 가르친다.												
19. 센터 및 계약(contract)을 사용한다.												
20. 시뮬레이션을 조직한다.												
21. 학생들에게 간단히 다시 설명한다(debriefing).												
22. 연장활동을 제안한다.												
23. 심화집단을 제공한다.												
24. 재능개발 기회로 연계한다.												

앞에서 살펴본 종합재능 기록표의 예들은 석사과정 학생들이 그들의 필수이수 과정의 일부로 계발한 것이다.

종합재능 기록표

현재 상태를 나타내는 정보

능력	K	1	2	3	4	5
학년 (강점을 보이는 영역)						
읽기						
언어예술						
수학						
사회학						
과학						
미술						
음악						
신체 교육						
기타:						
표준화된 테스트:						
______________						
______________						
______________						
흥미:						
일반적인 영역:						
무대공연예술						
창의적인 작문과 저널리즘						
수학						
비지니즈와 경영						
운동						
역사						
사회활동						
순수예술과 공예						
과학						
기술						
기타:						
______________						
______________						
______________						
______________						
______________						

특별한 흥미: ______________________________

____

____

선호하는 스타일	K	1	2	3	4	5
선호하는 교수스타일						
토론						
강의						
학습게임						
컴퓨터 소프트웨어						
시뮬레이션						
독립연구						
또래교수						
학습센터						
사사제도						
상호작용적인 비디오테이프						
통신을 활용한 원거리 교육						
기타: ______________						
______________						
______________						
선호하는 표현스타일						
문어식						
구어식						
조작적						
예술적						
전시/무대 공연						
드라마화						
서비스/리더십						
대중						
기타: ______________						
______________						

(　　　　　)의 재능개발 행동 기록

	날짜	학년	교사	심화집단	교육과정압축	탐색 활동 (1부 심화활동)	기술 관련 활동 (2부 심화활동)	학생이 선택한 독립 조사 (3부 심화활동)	재능개발 제안점
K									
1									
2									
3									
4									
5									

사우스 이스트초등학교

______________________의 종합재능 기록표	
나의 선생님의 이름:	
유치원:	1학년:
2학년:	3학년:
4학년:	

______의 종합재능 기록표

현재 상태를 나타내는 정보

	K		1		2		3		4	
주제영역	이것을 좋아한다	이것을 잘한다	이것을 좋아한다	이것을 잘한다	이것을 좋아한다	이것을 잘한다	이것을 좋아한다	이것을 잘한다	이것을 좋아한다	이것을 잘한다
읽기										
작문										
맞춤법										
수학										
사회과학										
과학										
미술										
음악										
체육										
다른 것:										

좋아하는 학급활동					
이야기하기					
선생님 말씀듣기					
질문에 대답하기					
시뮬레이션					
게임					
학습지하기					
프로젝트하기					
컴퓨터					
집단활동					
혼자 활동하기					
또래교수					
학습센터					
사사제도					
다른 것:					

좋아하는 과제					
작문					
말하기					
손으로 하는 활동					
미술프로젝트					
전시					
드라마/ 무대공연					
봉사					
다중매체: 비디오, 라디오, 컴퓨터, 오버헤드					
다른 것:					

________의 종합재능 기록표

나의 흥미와 재능

	K	1	2	3	4
흥미:					
무대공연예술					
창의적 작문과 저널리즘					
수학					
비지니즈/경영					
운동					
역사					
사회활동					
순수예술과 공예					
과학					
기술					
다른 것:					
특별한 흥미:					

재능	K	1	2	3	4
올 해 나의 재능과 흥미는...					
내년에 나는 이런 연구를 하고 싶다.					

________의 종합재능 기록표

재능발달과 행동기록

지시: 집단들: 학생들이 참여하고 있는 집단의 이름과 날짜를 기록하세요. 만약 집단의 이름이 집단에서 하는 주제를 나타내지 않으면, 간단히 설명해 주세요.

	심화집단 (Enrichment Cluster)	교육과정압축(Curriculum Compacting)
K		

	심화집단 (Enrichment Cluster)	교육과정압축(Curriculum Compacting)
1		

	심화집단 (Enrichment Cluster)	교육과정압축(Curriculum Compacting)
2		

	심화집단 (Enrichment Cluster)	교육과정압축(Curriculum Compacting)
3		

	심화집단 (Enrichment Cluster)	교육과정압축(Curriculum Compacting)
4		

___________의 종합재능 기록표

행동정보

	내가 학교 밖에서 하는 활동과 레슨	집에서 한 3부 심화활동과 프로젝트
K		
1		
2		
3		
4		

부록 G

종합재능 기록표의 실제

나의 흥미, 재능, 성취를 담은
종합재능 기록표!

TOTAL TALENT PORTFOLIO

● 학 교	서울 재능초등학교**
● 학년 & 반	4학년 7반 15번 이 정 환
● 담임 교사	유 선 영
★ 건대 영재교육 유선영 ★	

* 가명을 사용함.

** 가명을 사용함.

초등학교

이지환의 종합재능 기록표

기록

개관한 사람	개관한 날짜	자료 첨가 날짜
유선영	2006. 11. 25	

종합재능 기록표-현재 상태를 나타내는 정보

	K	1	2	3	4	5
능력						
학년(강점을 보이는 영역)						
국어					✔	
수학					✔	
사회					✔	
과학					✔	
체육						
미술						
음악					✔	
검사						
자아존중감검사					중	
자율성검사					중	
정서지능(EI)						
정서인식					상	
정서표현					상	
감정이입					상	
정서조절					상	
정서활용					상	
MI 검사						
음악지능					상	
신체운동지능					상	
논리수학지능					상	
공간 지능					상	
언어지능					상	
대인지능					상	
자성지능					상	
자연지능					상	
흥미						
일반적인 영역:						
무대공연예술						
창의적인 작문과 저널리즘					✔	
수학						
비즈니스와 경영					✔	
운동						
역사					✔	
사회활동						
순수예술과 공예						
과학					✔	
기술						
기타						

	K	1	2	3	4	5
선호하는 스타일						
선호하는 교수스타일						
토론					✔	
강의						
학습게임					✔	
매체를 이용한 상호학습						
시뮬레이션					✔	
독립연구						
또래교수						
학습센터						
사사제도						
기타						
선호하는 학습환경						
자기-지향적						
또래-지향적					✔	
성인-지향적						
결합된					✔	
기타						
조용한, 밝은, 밤						
자리에 앉아서						
그룹으로 함께						
교실의 중간에서						
선호하는 사고스타일						
입법적(창의적)						
행정적(실행적)						
사법적(평가적)						
기타						
선호하는 표현스타일						
문어식						
구어식						
조작적						
예술적						
전시/무대 공연						
드라마화						
서비스/리더십					✔	
대중					✔	
기타					✔	

특별한 흥미

희귀동물—공룡

빌게이츠—빌게이츠의 성공비결

외국어

초등4학년

TOTAL TALENT PORTFOLIO

행동 정보

날짜: 2006. 11. 25

과목	5 ············ 1 최고 최저	심화활동 제공여부
읽기	5	○
쓰기	5	X
말하기	5	○
수학	5	○
과학	5	○
사회	5	△
체육	2	X
그 밖의 과목		
음악	5	○
미술	3	X

학생에게 개인 연구 활동을 위해 제시된 활동이나 자료가 있었다면?

읽기의 경우 지환은 과학에 관련된 도서를 많이 읽으며, 특히 2학기 화석 단원을 배운 뒤에는 공룡 화석에 대한 관심이 높아져서 공룡 화석에 대한 의문점을 스스로 해결할 수 있는 인터넷 사이트와 관련도서를 알려주었다. 그랬더니 스스로 책을 찾아 읽고 친구들에게 이야기를 해 주었다.

수학의 경우 아직 둘레에 대한 개념 밖에 배우지 않았으나, 과외 활동으로 넓이 및 부피에 대해 이미 배웠기에 5학년 과정도 평가해 볼 겸 간단한 도형에 관한 테스트를 해보았다. 그 결과 이미 도형 학습에 대해서는 선수학습이 잘 되어있다는 결론을 내릴 수 있었고, 이로써 5학년 교육과정의 압축도 가능할 것이라는 판단을 하였으나 현실적으로는 불가능하다고 할 수 있다.

음악의 경우 학예회 활동에 참여하게 하여 자신의 음악적 재능을 발휘할 수 있는 기회를 제공하였다.

학력고사 결과는 어떠했는가?

1, 2차 학력고사에서도 높은 점수를 얻었으며 특히, 3차 학력고사 결과의 경우 국어, 사회, 수학, 과학 모두 만점을 받았으며, 4차 학력고사의 경우에도 높은 결과를 보이고 있다. 시험이라고 특별히 더 많은 공부를 하지 않는 정화의 학습태도에 견주어 봤을 때 이러한 지환의 결과는 높은 집중력과 평소에 학습하는 습관이 형성되었기 때문으로 사료된다.

그 밖의 제언점이나 관찰 결과 특별했던 점

또래 집단 아이들에 비해 체구가 작아서 인지 그로 인해 체육시간에 겪게 되는 좌절감이 큰 것 같다. 그러나 지난 번 수행 평가 시 뜀틀 넘기에서 한 번의 성공을 맛본 뒤에 실력이 부쩍 향상되어 결과적으로 A를 받았다. 즉 지환은 성공에 대한 강한 집착력이 있으므로 그러한 경험을 자꾸 늘려주는 것이 좋을 것 같다는 판단이 들었다.

초등4학년

TOTAL TALENT PORTFOLIO

선호하는 학습스타일

날짜: 2006. 11. 20

과목	나는 이 과목을 좋아한다	나는 이 과목을 잘 한다
읽기	○	○
쓰기		○
말하기		○
수학		○
과학	○	○
사회		
체육		
그 밖의 과목		
음악	○	○
미술	○	

교실활동	정말 좋아한다	보통이다	싫어한다
토론	3	2	1
강의	3	2	1
컴퓨터활용수업	3	2	1
질문하기	3	2	1
만들기	3	2	1
문제해결학습	3	2	1
암송하기	3	2	1
역할극	3	2	1
또래교수	3	2	1
학습게임	3	2	1
영상물시청	3	2	1
독립연구	3	2	1
그룹활동	3	2	1
짝활동	3	2	1
사사제도	3	2	1

나는 숙제나 과제를 이렇게 표현하는 것을 좋아한다	정말 좋아한다	보통이다	싫어한다
미술 작품으로	3	2	1
연극이나 무대 공연으로	3	2	1
글쓰기로	3	2	1
말하기로	3	2	1
전시회 방식으로	3	2	1
사진, 미디어, PPT 등 매체를 활용한 방식으로	3	2	1
실험 같이 직접 실행해서 보여주는 방식으로	3	2	1
다른 방법이 있다면	3	2	1

초등4학년

TOTAL TALENT PORTFOLIO

흥미, 선호하는 학습 환경

날짜: 2006. 11. 20

흥미	정말 좋아한다	보통이다	싫어한다
연극	3	2	1
운동	3	2	1
춤	3	2	1
경제	3	2	1
역사	3	2	1
정치	3	2	1
수학	3	2	1
사회 활동	3	2	1
노래 부르기	3	2	1
과학	3	2	1
글쓰기	3	2	1
비즈니스와 경영	3	2	1
악기 연주	3	2	1
기타	3	2	1

◆ 나는 이러한 곳에서 가장 공부가 잘 된다 (해당하는 것에 동그라미 하세요)
1. 시끄러운( ) 혹은 조용한(○)
2. 따뜻한( ) 혹은 시원한( )
3. 밝은(○) 혹은 약간 희미한 불빛( )
4. 아침( ), 오후( ), 저녁( ) 혹은 밤(○)

◆ 나는 이러한 곳에서 가장 공부가 잘 된다 (해당하는 것에 동그라미 하세요)
1. 돌아다니면서( ) 혹은 자리에 앉아서(○)
2. 나 혼자서( ) 혹은 그룹 활동으로 함께(○)
3. 교실 앞쪽에 앉았을 때( )
교실 뒤쪽에 앉았을 때( )
교실 중간에 앉았을 때(○)

◆ 위에서 제시한 것 외에 흥미나 관심 있는 다른 것이 있다면 써 보세요.
말하기, 실험, 놀이

◆ 과학 영역 중에 특별히 관심이 있고 좋아하는 분야는 무엇인지 써 보세요.
지구과학(지구내부), 물리(여러 가지 물질들의 특징, 분자배열)

초등4학년

학습 목표

◆ 올해 나의 재능과 관심 영역은
대체적으로, 과학, 국어가 잘 되었지만 흥미는 과학과 미술이다.
◆ 내년에 조사해 보고 싶은 것은
내년에 나는 공룡의 뼈 실제 화석과 공룡 알, 갑자기 냉동된 매머드 화석에 대해 조사해 보고 싶다.
◆ 올해 학교 외 수업으로 했던 것은
올해 내가 한 학교 외 수업은 중국어, 수학(방정식, 정수), 과학(힘, 생물, 지구과학, 화학)이다.
◆ 겨울 방학 때 공부하거나 조사해 보고 싶은 것은
제 3 외국어나 컴퓨터에 대해 공부하고 싶다.
◆ 내년에 학교 외 프로그램으로 활동하고 싶은 것은
과학 올림피아드 같은 대회에 나가고 싶다.

◆ 수상 경력

구분	수상명	등급(위)	수상연월일	수여기관
교내상	선행어린이상		2003.11.03	서울재능초등학교장
	수학경시대회	금상	2003.12.08	서울재능초등학교장
	독서퀴즈대회	은상	2003.12.15	서울재능초등학교장
	독서기록우수아		2003.12.22	서울재능초등학교장
	기본이 바로 된 어린이 그리기	우수	2005.07.04	서울재능초등학교장
	독서퀴즈대회	은상	2005.12.05	서울재능초등학교장
	모범 어린이	표창장	2005.12.26	서울재능초등학교장
	과학 독후감 쓰기 대회	최우수	2006.04.17	서울재능초등학교장
	좋은 책 바로 읽기대회	은상	2006.05.29	서울재능초등학교장
교내상	환경보존 실천표어대회	우수	2006.06.12	서울재능초등학교장
	좋은 책 바로읽기대회	대상	2006.07.03	서울재능초등학교장
	수학경시대회	금상	2006.07.10	서울재능초등학교장
	좋은 책 바로읽기대회	금상	2006.07.21	서울재능초등학교장
	좋은 책 바로읽기대회	금상	2006.09.04	서울재능초등학교장
	좋은 책 바로읽기대회	대상	2006.10.30	서울재능초등학교장
	좋은 책 바로읽기대회	금상	2006.11.27	서울재능초등학교장

초등4학년

TOTAL TALENT PORTFOLIO

학교 교육과정 외 활동

◆ 창의적 재량활동 상황			
학년	활동 영역 또는 주제	이수시간	특기사항
1	정보통신기술교육	32시간	그리기 프로그램을 통하여 주제가 나타나게 잘 표현함.
	창의적 재량활동	32시간	다른 작품에서 재미있는 점을 찾아 조형적으로 잘 표현함.
2	미술기초교육	32시간	그리기, 만들기 중의 표현능력이 뒤떨어짐.
	정보통신기술교육	37시간	컴퓨터를 사용할 때 올바른 자세를 알고 실천함.
3	정보통신교육	34시간	검색엔진을 이용해 필요한 정보를 찾아 문제를 해결할 수 있음.
	창의적재량활동	34시간	독서를 통한 자율학습 능력배양에 힘씀.
4	자기주도적 학습	13시간	2학기에 평가함.
	정보통신기술교육	14시간	컴퓨터 학습에 관심이 높고 인터넷 검색 사이트에서 원하는 정보를 찾을 수 있음.

◆ 특별 활동 상황			
학년	영역	시간	특기사항
1	자치활동	9	학급 공동의 생활에 필요한 일을 스스로 계획하고 실천함.
	적응활동	11	학습 과제와 준비물을 스스로 챙기는 습관이 형성됨.
	계발활동	5	동물들의 움직이는 모습을 관찰하여 사실적으로 잘 표현함.
	행사활동	7	물의 소중함을 생각하며 수장이 하는 일을 잘 견학함.
2	자치활동	8	역할분담 활동에 참여하는 태도가 바람직하지 못함.
	적응활동	8	
	계발활동	7	다양한 어휘력을 활용해서 생활문을 잘 씀.
	봉사활동		남의 의견을 존중하며 당번 활동을 열심히 함.
	행사활동	5	여러 행사의 의의를 이해하고, 자발적으로 잘 참여함.
3	자치활동	8	역할분담에 능동적이며 소질 개발에 노력함.
	적응활동	6	건전한 비판정신과 논리적 사고능력 함양에 앞장섬.
	계발활동	12	과학적 사고력이 우수하여 주어진 과제를 창의적으로 해결함.
	봉사활동		학교 가꾸기를 통한 봉사활동에 특히 앞장섬.
	행사활동	7	여러 행사의 중요성을 이해하고, 자발적으로 잘 참여함.
4	자치활동	3	합리적인 의사결정 방법을 알고 민주 시민으로서의 자질 함양에 앞장서며 주어진 일을 성실히 수행하려고 노력함.
	적응활동	5	학교에서 지켜야 할 여러 가지 규칙을 알고 이를 바르게 실천하려고 노력하는 태도가 우수함.
	계발활동	18	해양단 대원으로서 규율을 잘 지키며 흥미와 긍지를 가지고 활동에 적극적으로 참여함.
	봉사활동		2학기에 평가함.
	행사활동	1	2학기에 평가함.

초등4학년

TOTAL TALENT PORTFOLIO

상위목적 학습안

날짜: 2006. 11. 25

◆ 초등학교 기회

★ 수학 심화프로그램

★ 문학세미나/ 연구 동호회

★ 토론모임 참여

★ 공룡 및 과학 흥미분야에 대한 학생조사연구

★ 중국어 클럽

★ 과학 콩트나 만화 만들기 클럽

★ 학생 과학자 프로그램

★ 포트폴리오

★ 모의 법정

★ 또래 교수

◆ 개관

★ 지구과학 및 말하기 영역과 수학 영역에서 이 학생의 능력을 볼 수 있다.

★ 일반적으로 토론과 같은 말하기 및 지구과학에 흥미가 있고, 특별한 영역으로는 주제탐구를 했던 천문학 분야와 공룡 연구에 관해 흥미가 있다.

★ 이 학생은 시각적이고 오디오적인 매체에 의한 교수 스타일을 좋아하고, 그룹 활동을 통한 역할극이나, 게임 방식으로 공부하는 것을 좋아하며, 입법적으로 생각하는 것을 좋아하며 말하기나 직접 실행에서 보여주는 방식으로 자신을 표현하는 것을 선호한다.

★ 이 학생은 추론 형식의 논리적 유추를 해야 하는 학습상황에서 가장 동기유발이 잘 된다.

초등4학년

TOTAL TALENT PORTFOLIO

나의 개인 전시

★ 주제탐구 보고서 : 또 다른 태양계는 존재하는가?

★ 책을 읽고서 : Why? 인체

★ 글짓기: 환경보존은 후세의 존경

★ 수행 산출물: (사진자료)

★ KME 상장

별

이지환

별이 뜬다.
저 하늘에....

몇 백 년 전 별일까?
몇 천 년 전 별일까?

지금은 폭발했을지도 모를
저 별의 별빛.

우리는 저 별의
열 만큼 먼 과거에 살고 있는 걸까?

★ 주제탐구 보고서: 또 다른 태양계는 존재하는가?

<table>
<tr><td>탐구영역</td><td>과학</td><td colspan="3">주제 탐구 보고서</td><td>4학년 7반
이름 : 이지환</td></tr>
<tr><td>탐구주제</td><td colspan="5">또 다른 태양계는 존재하는가?</td></tr>
<tr><td colspan="2">탐구활동</td><td colspan="4">내 용</td></tr>
<tr><td colspan="2">탐구하게 된 동기</td><td colspan="4">우주가 끝없이 넓다고 하는데, 혹시 또 다른 태양계와 생명체가 있는지 궁금해서 조사하게 되었다.</td></tr>
<tr><td colspan="2">탐구를 통해
알고 싶은 점</td><td colspan="4">또 다른 태양계가 존재하는지 알고 싶다.</td></tr>
<tr><td colspan="2" rowspan="4">탐구 활동 기간
및 방법</td><td>기 간</td><td>탐구 활동 내용</td><td>탐구방법</td><td>준비물</td></tr>
<tr><td>4월 06일- 4월 12일</td><td>주제선정 및 계획</td><td>인터넷, 책 조사</td><td></td></tr>
<tr><td>4월 12일- 4월 18일</td><td>자료 수집 및 탐구활동</td><td>인터넷, 책 조사</td><td></td></tr>
<tr><td>4월 18일- 4월 27일</td><td>탐구 보고서 작성</td><td>인터넷</td><td></td></tr>
<tr><td colspan="2">탐구 내용 및 결과</td><td colspan="4">아직까지 우주 저 멀리에 지구와 같은 행성이 있다고 확신하는 사람은 없지만 행성 탐사는 여전히 계속되고 있다. 1991년, 천문학자 알렉스 볼스즈크잔은 처녀자리 성좌에서 작은 별 주위를 돌고 있는 미지의 물체 두 개를 추적했다. 태양이 아닌 다른 별 주위를 돌고 있는 행성을 최초로 발견했던 것이다. 하지만 그 사실이 입증된 것은 발견이 있고 난 후 무려 3년이나 지난 뒤였다. 그런데 그 별에서는 생물이 한순간도 버티기 힘들만큼 치명적인 방사선이 뿜어져 나오고 있었다.

1995년에 마차부자리 51번 별의 둘레를 돌고 있는 또 다른 행성이 발견되었다. 이 행성은 불가사의하다. 현재까지 알려진 행성 생성 이론들에 따르면, 이 행성은 부모별에 너무 접근해 있기 때문이다. 이 행성은 거대하고, 목성처럼 가스로 이루어져 있었을 것이다. 하지만 마차부자리 51번 별에서 뿜어져 나오는 강력한 열이 이 행성의 가스 대부분을 날려 버렸고, 그 결과 거대한 암석 핵만 남았을 것으로 여겨진다. 마차부자리 51번 별에서 행성이 발견된 이후 여러 개의 다른 행성들이 발견되었지만 대부분은 완전한 의미에서의 행성이 아니었다. 그것들을 '갈색 왜성'이라 부르는데, 이 별들은 보통 행성보다 훨씬 크지만, 타고 있는 별처럼 아주 뜨겁지는 않다.

입실론 안드로메다 행성계의 상상도. 중앙에 있는 밝은 별이 모항성이고 주변을 도는 3개의 행성을 볼 수 있다.

태양과 비슷한 크기의 항성 주위를 돌고 있는 3개의 행성이 이루는 외부행성계가 확인됐다. 입실론 안드로메다 주위에서 목성과 같이 두꺼운 대기층을 지닌 세 개의 행성이 확인된 것이다. 입실론 안드로메다(안드로메다자리의 입실론 별이라는 뜻)는 지구에서 44광년</td></tr>
</table>

탐구 내용 및 결과	떨어진 매우 가깝고 밝은 별로 여름과 가을에 맨눈으로도 관측이 가능하다. 이 별은 지난 1996년 이미 한 개의 행성을 거느린 별로 알려져 왔다. 과학자들은 그 동안 더욱 면밀한 관측을 통해 중심의 항성에 중력섭동을 미치는 행성이 두 개나 더 있다는 점을 밝혀냈다. 입실론 안드로메다의 행성계가 주목을 끄는 이유는 중심별이 특이한 별이 아니라 태양과 비슷한 진화과정을 겪고 있는 별이라는 점이다. 가장 안쪽의 행성은 거리 8백만 km(0.06AU)에서 약 4.6일의 주기로 공전하고 있다. 크기는 목성의 4분의 3정도로 목성보다 약간 작다. 두 번째 행성은 0.83AU거리에서 공전주기 242일로 질량은 목성의 2배 정도로 크다. 세 번째 행성은 2.5AU 거리에서 공전주기 4년으로 질량은 목성의 4배나 되는 무거운 행성이다. 행성들의 예상 표면 온도는 안쪽 행성부터 각각 1370, 365, 210K에 이른다. 물론 좀 더 성능이 우수한 장비가 필요하겠지만, 전문가들은 지구와 같은 행성들이 머지않아 발견될 것이라고 생각한다. 그렇게 되면 외계 생명체 탐사자들은 성공에 한 걸음 더 가까이 다가설 수 있을 것이다. 가장 희망 섞인 예상에 따르면, 2015년에서 2020년 사이에는 성공할 수 있으리라 여겨진다.
탐구를 통해 알게 된 점	우주에는 지구가 속해 있는 태양계 이외에 다른 태양계가 존재할 가능성이 아주 높다는 것이다.
더 알고 싶은 점	또 다른 태양계에 과연 외계인이 살고 있을까?
탐구하면서 느낀 점	미래에 또 다른 태양계를 여행하고 싶다.

★ 책을 읽고서 : Why? 인체

출판사: 예림당, 지은이: 허순봉, 박종관

이 책을 읽고 알게 된 내용은 너무 많다.

〈피부〉

- **표피**: 멜라닌 색소가 표피층에 모여들어서 색이 나처럼 진해진다는 것. 멜라닌 색소가 모여드는 이유는 자외선을 받기 때문이라는 것, 그래서 아프리카 사람들의 피부색이 진하다는 것.
- **지방조직**: 남는 영양분이 피부 밑에 모인 것.
- **감각점**: 통각, 압각, 냉각, 온각, 촉각이 있다. 하지만 모든 것은 결국 지나치면 통각으로 간다.
- **오래된 피부**: 일명 '때', 새 피부에 오래된 피부가 밀려 올라와서 먼지와 합쳐져서 때가 된다.
- **손톱, 발톱, 지문**: 손톱, 발톱은 각질층이 변형되어 만들어진 것으로 손과 발을 보호한다. 어른은 하루에 0.1mm 정도 자라고 어린이는 더 빨리 자란다고 한다.
- **입술**: 입술은 얇은 피부이다. 다만. 너무 얇아 피가 비쳐서 빨개 보이는 것이다.

결국, 이 책을 보고 인체의 거의 모든 것이라고 할 수 있는 피부, 소화기관, 뼈에 대한 것을 알았다. 여태까지 본 책들 중에 가장 많은 정보를 담고 있는 것 같았다. 뼈는 꽉 차 있지 않고 안이 거의 뻥 뚫려서 우리 몸을 더 잘 받칠 수 있다는 것, 또 등뼈는 가장 잘 받치는 자세가 뼈가 구부러진 자세이기 때문에 크면 클수록 더 휜다는 것이다. 소화기관은 이미 배웠던 내용인데 복습하는 식이다.

또 기타 등등 과학 지식들이 많이 나오는데 근육은 단백질이고 3대 영양소가 모두 신진대사에 다 쓰이나 보다, 이두박근이고 삼두박근이고 다 필요하다. 머리뼈는 나의 뇌를 보호해준다. 이런 뼈들은 강철보다야 약하겠지만 무척 세야겠다. 그리고 낮에는 키가 크고 저녁에는 키가 작아지는 것을 나는 '영양분 같은 것이 빠져 나가서'로 알고 있었는데 알고 보니 연골, 즉 디스크, 물렁뼈가 '활동하면서 눌려서 그렇다'는 사실을 새롭게 알게 되었다. 물론 거의 다 새로운 상식이자 지식이긴 하지만 말이다.

이 책에선 내가 몰랐던 것들이 많이 나왔다. 딸꾹질은 '공기가 갑자기 허파로 들어가면 성대가 닫혀 생기는 것'이란 것 또 위산이 나온다는 것은 알았지만 왜 위는 안 녹는지는 몰랐는데 점액질에 싸여 있어서 안전하다는 것, 간이 하는 일은 영양소 저장, 지방의 소화도움, 독성물질 분해, 프로트롬빈과 헤파린 생산, 요소 만듬, 적혈구(오래 된) 파괴가 있다는 것 또 뇌세포는 숨을 멈추기 시작하면 죽어간다는 것 또 멀미는 반 고리 관이 평형감각을 잃어서 그렇다는 것 등을 알았다. 이런 많은 것들을 한 권의 책으로 다 알 수 있다는 것이 놀랍고 이런 과학 상식, 지식들을 잘 기억해둬야 한다고 생각한다.

★ 환경보전은 후세의 존경

우리는 환경을 보호하고, 보존하여 후세에게 전해주어야 한다. 왜냐하면 환경을 보존해야 그런 깨끗한 환경을 후세에게 전해주면, 후세들은 참 좋은 환경을 만들어 주었다고 우리를 존경하며, 그 후세들도 우리처럼 행동하여 환경은 영원히 깨끗한 상태로 보존될 것이기 때문이다.

하지만, 지금 우리가 살고 있는 환경은 매우 더럽고, 그렇게 만들어 놓은 사람은 그 일이 자기의 일이 아닌 것처럼 행동하고 있다. 물론, 인간들 모두가 환경 파괴의 주범이며, 모두가 자기 일이 아닌 것처럼 행동하고 있지만, 돈 몇 원 더 벌려고 폐수 정화시설을 설치하지 않고, 엄청난 연기와 중금속, 농약 등을 뿌려댄다. 물론 자연환경에서 환경을 파괴하는 경우도 있다. 예를 들면, 화산분출물인 연기 등이 있다. 하지만 그것은 매우 극소수이고, 나머지는 모두 인간들의 짓이다.

지금부터라도 노력하면 환경을 조금이라도 깨끗하게 만들 수 있다. 우리가 할 수 있는 일에는 우유갑을 모으고, 내 방에 있는 쓰레기를 분리수거하고, 설거지를 도와드린다고 하며, 밀가루로 그릇을 닦고, 지구 온난화 현상이 심해지면 지반침해, 생물멸종 등이 초래되므로 화석에너지 사용을 줄여야 한다. 그러므로 안 쓰는 코드 빼놓기, 안 쓰는 전등 꺼놓기 등 많은 노력을 할 수 있다.

이렇게 우리들이라고 많은 노력을 하면 우리의 후세 세대에게 환경이 깨끗하고 과학이 매우 발달한 세계를 물려줄 수 있게 된다. 예전, 옛날과 같이 환경이 발달되어 있지만 과학도 발전되고, 생활하기에 편리한 세상을 유지하면서, 지금과 같지 않고 깨끗한 환경을 보존해야 한다. 그리고 어린이들도 쓰레기를 길가에 버리지 않고 주워야 한다. 우리의 평상시 환경에게 잘해야지 결국 다 죽어가는 환경을 두고 살려 낸다 어쩐다 하지 말고 가망이 있는 지금 모든 환경에게, 대기에게, 물에게, 토양에게, 식물에게 등 모든 생물이나 자연환경들을 보존하고 보호하여 다시 망치지 않고 그 깨끗한 환경을 그대로 보존하고 무인도와 비슷한 환경을, 환경에 인간이 군림하면 안 된다. 만약 군림하면 우리 인간에게 크나 큰 손해를 준다. 환경이 우리를 군림해도 안 된다. 너무 번창하면 멸망하듯이 환경과 우리 인간들이 평균적이게 공존하고, 우리가 어느 면에서는 군림하되 그렇게 군림하면서 환경을 지켜주어야 한다. 그래서 후세에게 좋은 자연 환경을 보전하기 위한 노력을 평생 동안 해야 한다.

★ 수행 산출물(사진자료)

<table>
<tr><td>
</td><td>해양단 범선 만들기 대회...!!
(학급 카페에 공개하였음)</td></tr>
<tr><td>
</td><td>교실에서 자신의 두레
공룡 만들기를 할 때 주도적인 역할을 함.
저 공룡을 거의 혼자서 다 만들고 설명함.</td></tr>
<tr><td>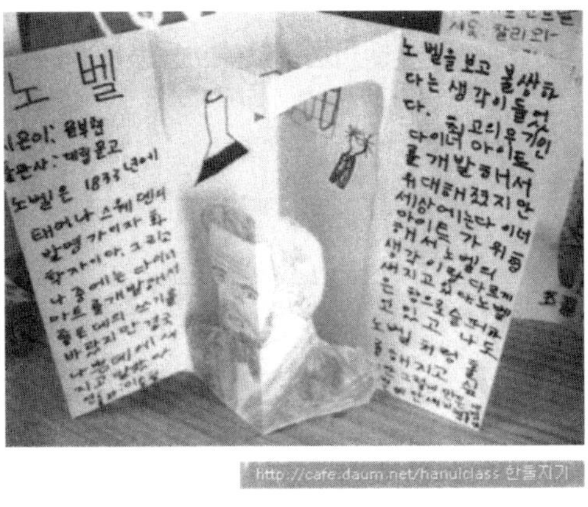
</td><td>만들기를 할 때도
과학자를 주로 하며 글을 쓰는 능력도 우수함.
메이킹 북 활동</td></tr>
</table>

★ KME 상장

KME

Korea Mathematics Evaluation

제12-00350 호

상 장

금 상

고명초등학교
3 학년 4반
이 지 환

위 학생은 제12회 한국수학학력평가(KME) 에서 위와 같이 우수한 성적을 거두었기에 상장을 수여합니다.

2005년 6월 2일

한국수학학력평가연구원장 이 광

주최 : 중앙일보 한국학력평가연구원

주관 : 한국수학학력평가연구원 Joins.com

후원 : (주)에듀왕 왕수학연구소 한국사이버수학교육학회

초등4학년

TOTAL TALENT PORTFOLIO

담임으로서 보는 지환은 ... !

2006년 3월 2일부터 현재까지 거의 약 1년 동안 지환의 담임을 하며 지환을 지켜본 결과, 지환은 또래 아이들과는 다른 점들이 몇 가지 관찰된다. 사실 지환은 다른 또래 아이들보다 키가 굉장히 작아서 1학년 아이들과 비슷할 정도이며 몸이 매우 왜소한 편이다. 그렇기에 학기 초부터 주로 앞자리에 앉는 경우가 많았다. 처음 지환을 보고 가장 크게 놀랐던 점은 자신이 읽던 책을 교과 시간이 다가오더라도 특별히 또 한 번 말을 하지 않으면 손에서 놓지 않는다는 점이었다. 특히, 과학에 관련된 책들을 매우 좋아하고, 책을 많이 읽어서 인지 어휘력이 다른 또래 아이들에 비해 상당히 풍부하고 그렇다보니 저절로 글쓰기 능력도 뛰어났다.

또한 의사결정 수업방식을 적용한 수업시간에 지환은 다른 이이들에 비해 논리적인 근거나 이유를 말하는 능력이 우수하여, 학년 대표로 교내 토론 대회에 참여한 적도 있다. 말하기 듣기시간에 자신의 주장을 발표하는 글을 쓸 때, 신문 기사쓰기와 같은 경우에 과제로 내 주지도 않았음에도 불구하고 자신의 생각을 조리 있게 정리해서 집에서 해 온 것을 보고 매우 놀라웠다. 또한 우리 반에서 쓰고 있는 '시 노래 꾸러미'에 쓴 별이라는 시는 과학적인 이해를 바탕으로 쓴 자작시로서 완성도가 높아서 교내 신문에도 실렸다. 사실, 아직 고학년이 아니고 남자아이여서 그런지 차분하게 하거나 꼼꼼하게 무언가를 해내는 능력은 부족하지만 자신이 흥미 있는 분야에 있어서는 매우 열심히 참여하여 그 수행결과 역시 수준이 매우 높기에 그 가능성은 충분하다고 생각한다.

그리고 최근에 본 강동 영재원 선발 교내 시험에서도 기대했던 것과 같이 가장 우수한 결과를 보였으며, 이 때 눈에 띄게 관찰된 점은 본인의 흥미영역인 도형 부분은 끊임없이 풀기 위해 노력한 흔적이 보이나, 연산과 같은 영역은 쉬운 문제임에도 불구하고 쉽게 포기하는 경향이 있음을 알 수 있었다.

작은 체구 때문인지 체육 활동은 좋아하지 않는 반면, 미술과 음악활동에는 매우 큰 흥미와 관심이 있어서 해양단 범선 만들기 대회에서 좋은 결과를 보였으며, 미술활동에서도 두드러지는 경향을 보인다. 그리고 재량 활동시간에 했던 각종 수도쿠나 퍼즐 같은 것들도 매우 흥미를 갖고 해결하는 모습을 볼 수 있었다.

그리고 과외 활동으로 영어뿐 아니라 중국어 등에도 관심이 있는데, 이는 자연스런 관심이기도 하지만 경제에 관심이 있는 지환은 앞으로 중국어가 유망할 것이라는 생각이 들어서 본인이 부모님께 먼저 배우고 싶다고 말했다고 한다. 그 이야기를 듣고 4학년답지 않은 생각에 매우 깜짝 놀랐다. 현재 지환은 중국어를 배운지 6개월 정도 되었다고 하며 수준은 아직 초중급 정도라고 한다. 3학년 때 이미 따놓은 한자 4급이 매우 큰 도움이 되었다고 한다. 지환은 다른 또래 아이들에 비해 한자를 습득하는 능력도 우수해서 작년에 이미 4급을 취득하였다.

지환은 본인도 그렇게 생각하고 있고, 담임으로서 보기에도 논리적인 사고능력이 우수하고, 과학, 말하기, 글쓰기, 수학과 같은 분야에 재능이 있다고 보여진다. 앞으로 이런 쪽으로 꾸준히 관심을 갖고 학습할 수 있는 기회를 갖는다면 더욱 더 발전할 가능성이 있다고 보여진다.

교과명 [영어]

종합재능 기록표
[Total Talent Portfolio]

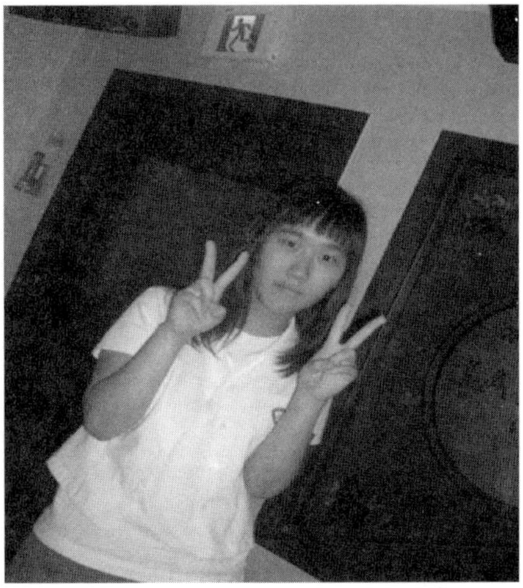

학생: 최 연 아*

학년	영어과 담당교사		기록 날짜	자료첨가날짜
	일반	심화		
1학년	안 선 미	R. Patrick		
2학년				
3학년				

고려대학교 안선미

* 가명을 사용함.

I. 개요

1. 상태정보
    - 교과행동특성검사도구
    - 표준화검사자료(적성검사, 홍미도검사)
    - 상태정보목록(능력, 홍미, 선호방식)
2. 행동정보
    - 행동정보 메시지
    - 학생산출물
    - 교과활동교사평가양식(교사, 학부모, 자기평가)
    - 학생산출결과평가양식
3. 재능계발
    - 목적 및 학교 밖 활동
    - 재능계발행동기록(일반수업, 수준별수업, 원어민수업, 독립연구)
    - 재능계발을 위한 종합의견

II. 목적 및 의도

1. 학교전체심화학습모델이 현행 학교에 도입되지 못하고 있는 실정을 고려하여, 현재 학교현장에서 활용 가능한 포트폴리오를 만들고자 하였다.
2. 초등학교와 달리 교과별 분화가 심한 고등학교 실정을 고려하여, 영어교과에 한정시켜 제작하였다.
3. 교과행동특성 검사도구는 학생의 교과관련 능력을 검사하기 위해 제작한 것으로, Celce-Murcia(2001)의 의사소통능력 모형에 따라 전반적인 의사소통능력에 초점을 맞추고자 하였다.
4. 행동정보메시지는 학생에 대한 타교과 교사나 담임교사의 메시지를 참고하

여, 영어수업 시간에 참조하는 방식으로 활용하고자 하였다. 특히 영어교과는 모국어능력과 밀접한 관계를 갖고 있으므로, 국어담당 교사와의 교류는 의미 있을 것이다. 학교 현장에서도 점차 학부모 메시지까지 확대시켜 갈 수 있을 것이다.

5. 학생 산출물은 다양한 것들 중에서 학생 스스로 선택할 수 있도록 해야 하며, 학생의 변화, 발전 과정을 있는 그대로 나타내야 했으나, 여기서는 샘플만을 제시하였다.
6. 교사, 학부모, 학생 자기 평가양식은 3부 심화학습모델의 유형 학습에 활용되는 것을 그대로 일반교과활동에 적용하여 활용하였다. 몇 차시에 걸친 특별한 교과활동을 하였거나, 수행평가를 위한 활동을 하였을 경우, 교사, 학부모, 학생이 모두 평가에 참여하는 것은 현 학교현장에서도 요구되는 일이다.
7. 학생산출물결과 평가양식은 Purdue Academic Rating Scale(1997)과, SRB CSS의 Reading Characteristics를 참조하여 제작한 것으로, 학생들의 산출물에 대한 객관적 근거가 될 것이다.
8. 재능계발은 심화집단 활동과 교육과정압축이 융통성 있게 이루어질 수 없는 현장의 상황을 고려하여, 일반수업, 수준별 수업, 원어민수업, 과제를 통한 독립연구로 분류하여 적용하였다. 포트폴리오의 목적을 학생과 상의하여 결정하고, 보다 자유롭게 교사 재량으로 운영될 수 있는 수준별 수업, 원어민 수업을 연계하여 운영한다면 학생들의 개별적인 목적 달성이 가능하리라 본다.

종합재능 기록표: 상태정보

<table>
<tr><th colspan="3" rowspan="2"></th><th colspan="2">1학년</th><th colspan="2">2학년</th><th colspan="2">3학년</th><th colspan="2">종합</th></tr>
<tr><th>좋아함</th><th>잘함</th><th>좋아함</th><th>잘함</th><th>좋아함</th><th>잘함</th><th>좋아함</th><th>잘함</th></tr>
<tr><td rowspan="7">능력</td><td colspan="2">Discourse Competence
(담화능력)</td><td>✔</td><td>✔</td><td></td><td></td><td></td><td></td><td></td><td></td></tr>
<tr><td colspan="2">Linguistic Competence
(언어적 능력)</td><td></td><td>✔</td><td></td><td></td><td></td><td></td><td></td><td></td></tr>
<tr><td colspan="2">Actional/Rhetorical
Competence
(발화 능력)</td><td></td><td></td><td></td><td></td><td></td><td></td><td></td><td></td></tr>
<tr><td colspan="2">Sociocultural
Competence
(사회문화적 능력)</td><td></td><td></td><td></td><td></td><td></td><td></td><td></td><td></td></tr>
<tr><td colspan="2">Strategic Competence
(전략적 능력)</td><td></td><td>✔</td><td></td><td></td><td></td><td></td><td></td><td></td></tr>
<tr><td colspan="2" rowspan="3">적성검사 결과
(상위 3개)</td><td colspan="2">언어능력(최상)</td><td colspan="2"></td><td colspan="2"></td><td colspan="2"></td></tr>
<tr><td colspan="2">추리능력(최상)</td><td colspan="2"></td><td colspan="2"></td><td colspan="2"></td></tr>
<tr><td></td><td colspan="2">집중/
사고능력(최상)</td><td colspan="2"></td><td colspan="2"></td><td colspan="2"></td></tr>
<tr><td></td><td colspan="2">성적(1학기/2학기)</td><td colspan="2">2등급(607)/</td><td colspan="2">/</td><td colspan="2">/</td><td colspan="2">/</td></tr>
<tr><td rowspan="12">흥미</td><td rowspan="10">일반영역</td><td>예술/공예</td><td colspan="2">✔</td><td colspan="2"></td><td colspan="2"></td><td colspan="2"></td></tr>
<tr><td>창조적 작문/
저널리즘</td><td colspan="2">✔</td><td colspan="2"></td><td colspan="2"></td><td colspan="2"></td></tr>
<tr><td>수학적/논리적</td><td colspan="2"></td><td colspan="2"></td><td colspan="2"></td><td colspan="2"></td></tr>
<tr><td>정치/사회</td><td colspan="2"></td><td colspan="2"></td><td colspan="2"></td><td colspan="2"></td></tr>
<tr><td>스포츠/
레크리에이션</td><td colspan="2"></td><td colspan="2"></td><td colspan="2"></td><td colspan="2"></td></tr>
<tr><td>역사</td><td colspan="2"></td><td colspan="2"></td><td colspan="2"></td><td colspan="2"></td></tr>
<tr><td>문학/연극</td><td colspan="2"></td><td colspan="2"></td><td colspan="2"></td><td colspan="2"></td></tr>
<tr><td>과학/공학/컴퓨터</td><td colspan="2">✔</td><td colspan="2"></td><td colspan="2"></td><td colspan="2"></td></tr>
<tr><td>경영/마케팅</td><td colspan="2"></td><td colspan="2"></td><td colspan="2"></td><td colspan="2"></td></tr>
<tr><td>기타</td><td colspan="2"></td><td colspan="2"></td><td colspan="2"></td><td colspan="2"></td></tr>
<tr><td colspan="2">특별한 흥미</td><td colspan="2">곰인형 만들기</td><td colspan="2"></td><td colspan="2"></td><td colspan="2"></td></tr>
<tr><td colspan="2">흥미도 검사</td><td colspan="2">탐구형</td><td colspan="2"></td><td colspan="2"></td><td colspan="2"></td></tr>
</table>

<table>
<tr><td rowspan="33">선
호
방
식</td><td rowspan="9">수
업
방
식</td><td>또래학습</td><td></td><td></td><td></td><td></td></tr>
<tr><td>강의</td><td>✔</td><td></td><td></td><td></td></tr>
<tr><td>암기/반복훈련</td><td></td><td></td><td></td><td></td></tr>
<tr><td>토의</td><td></td><td></td><td></td><td></td></tr>
<tr><td>시뮬레이션/역할극</td><td></td><td></td><td></td><td></td></tr>
<tr><td>독립연구</td><td>✔</td><td></td><td></td><td></td></tr>
<tr><td>학습센터</td><td>✔</td><td></td><td></td><td></td></tr>
<tr><td>멘토링</td><td></td><td></td><td></td><td></td></tr>
<tr><td>기타</td><td>또래학습 시
친구지도능력
뛰어남.</td><td></td><td></td><td></td></tr>
<tr><td rowspan="5">학
습
환
경</td><td>자기-지향적</td><td>✔</td><td></td><td></td><td></td></tr>
<tr><td>또래-지향적</td><td></td><td></td><td></td><td></td></tr>
<tr><td>어른-지향적</td><td></td><td></td><td></td><td></td></tr>
<tr><td>결합</td><td></td><td></td><td></td><td></td></tr>
<tr><td>기타</td><td></td><td></td><td></td><td></td></tr>
<tr><td rowspan="4">사
고
방
식</td><td>분석적(analytic)</td><td>✔</td><td></td><td></td><td></td></tr>
<tr><td>종합적(synthetic)</td><td>✔</td><td></td><td></td><td></td></tr>
<tr><td>실제적(practical)</td><td></td><td></td><td></td><td></td></tr>
<tr><td>기타</td><td></td><td></td><td></td><td></td></tr>
<tr><td rowspan="10">표
현
방
식</td><td>쓰기(written)</td><td>✔</td><td></td><td></td><td></td></tr>
<tr><td>구두(oral)</td><td></td><td></td><td></td><td></td></tr>
<tr><td>토론(discussion)</td><td></td><td></td><td></td><td></td></tr>
<tr><td>전시(display)</td><td></td><td></td><td></td><td></td></tr>
<tr><td>연극
(dramatization)</td><td></td><td></td><td></td><td></td></tr>
<tr><td>미술(artistic)</td><td>✔</td><td></td><td></td><td></td></tr>
<tr><td>도표화(graphic)</td><td></td><td></td><td></td><td></td></tr>
<tr><td>상업적
(commercial)</td><td></td><td></td><td></td><td></td></tr>
<tr><td>서비스(service)</td><td></td><td></td><td></td><td></td></tr>
<tr><td>기타</td><td>미적지향
(아름답게
표현하고자 함.)</td><td></td><td></td><td></td></tr>
</table>

교과 행동 특성 검사도구

당신의 학생은

능 력	내 용	전혀 아님	거의 아님	드물게	때때로	자주	항상
Discourse Competence	1. 구문, 문장, 단락들 간의 논리적 연결을 만든다.						✔
	2. 정보를 효과적으로 다루기 위해, 다양한 언어적 장치를 사용한다.				✔		
	3. 주장에 대한 적절한 논거를 제시한다.					✔	
	4. 일관성, 응집력 있는 글을 쓴다.				✔		
Linguistic Competence	1. 주어와 동사의 호응이 적절하다.						✔
	2. 단어를 의미와 순서에 맞게 사용한다.						✔
	3. 문법구조에 맞는 표현을 사용한다.					✔	
	4. 철자를 정확하게 사용한다.						✔
	5. 단락을 만든다.						✔
Actional /Rhetorical Competence	1. 상황에 맞는 적절한 발화행위를 사용한다.				✔		
	2. 효과적인 의사소통을 위해 적절한 제스처와 표정을 사용한다.				✔		
	3. 의사소통을 시작하고 끝맺는 관습적인 행위를 적절히 사용한다.					✔	
Sociocultural Competence	1. 영어 관련 활동에 적극적으로 참여한다.					✔	
	2. 이해를 위해 다양한 사회적 변인(성, 나이, 사회적 역할 등)들을 활용한다.				✔		
	3. 영어권 문화에 대해 관심을 나타내며 배우고자 한다.			✔			
	4. 영어권 문화에 대한 배경지식을 글을 읽는데 활용한다.			✔			
	5. 의사소통 대상의 감정상태를 제대로 파악한다.				✔		

Strategic Competence	1. 상대의 흥미를 끌 수 있는 언어적 장치를 사용한다.				✔		
	2. 이전에 배웠던 영어지식이나 읽기개념을 새로운 활동에 적용한다.						✔
	3. 효과적인 의사소통을 위해 보조자료를 활용한다.						✔
	4. 다시 읽어야 할 때, 미리 읽어야 될 때를 판단해 결정한다.						✔
	5. 단어를 찾아야 할 때, 질문이나 도움을 요청할 때를 판단해 결정한다.						✔
	6. 이야기가 설득력 있는지 없는지를 판단해 의견을 나타낸다.						✔
Affective Dimension	1. 비교적 긴 시간동안 읽기에 집중한다.						✔
	2. 수준 높은 읽기 자료를 원한다.						✔
	3. 도전적인 과제가 주어졌을 때도 지속적인 과제집착력을 나타낸다.						✔
	4. 흥미롭지 못한 읽기자료에도 흥미를 나타낸다.						✔

청소년 적성검사

검사일시: 2005년 4월 19일

청소년 적성검사(Aptitude Batterry for Adolescence)는 10개 적성요인을 기준으로 학생 적성(능력)에 적합한 직업과 학문분야를 안내해 주는 검사이며, 이 검사에서 나온 일부 결과를 발췌하여 수록함

1. 적성요인에 따른 최연아 님의 능력

적성요인	변환점수	백분위	수준	능력 설명
언어능력	142	99	최상	다양한 단어의 의미를 정확히 알고 글의 내용과 글쓴이의 의도를 정확히 이해할 수 있다.
수리능력	127	96	최상	간단한 계산을 빠르고 정확하게 할 수 있으며, 주어진 상황으로부터 적절한 공식을 유도하여 문제의 답을 도출해낼 수 있다.
추리능력	145	99	최상	주어진 문장을 논리적으로 재배열하고 주어진 상황에 대한 정보를 정확히 해석하여 올바른 답을 도출해 낼 수 있다.
공간능력	125	95	최상	물체를 회전시키거나 재배열했을 때 변화된 모습을 빠르고 정확하게 상상할 수 있다.
지각능력	132	98	최상	서로 다른 사물들 간의 유사점이나 차이점을 바르고 정확하게 지각할 수 있다.
과학능력	142	99	최상	기계의 작동원리나 사물의 운동원리를 정확히 이해할 수 있다.
집중능력	145	99	최상	작업을 방해하는 자극이 존재함에도 불구하고 정신을 한 곳에 지속적으로 잘 집중할 수 있다.
색채능력	145	99	최상	연속선 상에 있는 색들의 관계를 정확히 유추할 수 있다.
사고능력	145	99	최상	주어진 상황에서 짧은 시간 내에 서로 다른 아이디어를 많이 개발해 낼 수 있다.
협응능력	145	99	최상	눈과 손을 함께 사용하여 빠른 시간 내에 정확하게 작업할 수 있다.

최연아 학생의 적성요인별 점수를 살펴보면 추리능력, 집중능력, 색채능력이 다른 능력에 비해 상대적으로 뛰어나다. 특히, 추리능력, 집중능력, 색채능력, 사고능력, 협응능력은 다른 능력에 비해 상대적으로 매우 뛰어나므로 직업선택시 이를 적절히 고려하는 것이 바람직하다.

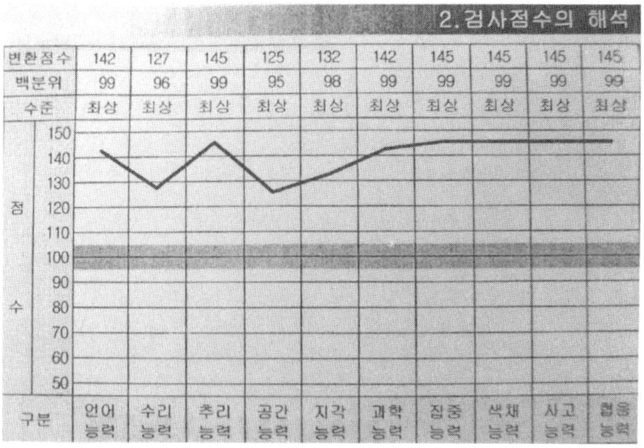

2. 학업분야 능력

순위	학업분야	
1	간호학	왼쪽에 제시한 순위는 여러 학문분야들 중에서 학생이 대학교 혹은 대학원에 진학하여 학업을 수행하는 경우에, 학생의 적성능력에 가장 잘 부합할 것으로 생각되는 상위 15개 학업분야를 뽑은 것이다. 순위가 1인 학업분야가 학생의 적성에 가장 잘 부합하는 학업분야이다. 그러나 순위가 15라고 해서 학생의 적성에 맞지 않는 다는 것은 아니다. 순위가 15인 학업분야는 더 많은 다양한 학업분야들 중에서 15번째로 학생의 적성과 잘 부합하는 학업분야인 것이다.
2	사회/민속학	
3	신문방송/언론정보	
4	복지/특수교육	
5	의학	
6	생물학/생명공학	
7	심리/아동/청소년학	
8	철학/신학	
9	외국어문학	
10	정치외교/국제무역	
11	국사학	
12	수의학	
13	음악/작곡	
14	경영/행정/회계	
15	법학	

3. 흥미육각형 모형

이름	최연아
주민번호, 성별, 나이	여, 17세
학교, 학년, 반	
장래 희망직업 1	건축설계 기술자
장래 희망직업 2	디자이너
부모가 바라는 직업 1	약사
부모가 바라는 직업 2	세무사/공인회계사
희망 진학 전공 1	건축/설계/재료/안전/토목/도시공학
희망 진학 전공 2	약/제약학
가장 잘하는 과목	수학
가장 좋아하는 과목	미술
주관적 검사 난이도	어려웠다
주관적 수검 흥미도	지루했다
주관적 반응 성실성	최선을 다하여

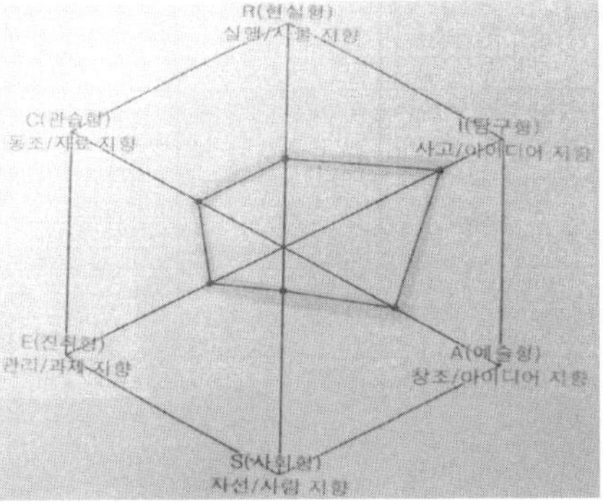

4. 희망 직업: 1. 건축설계 기술자 2. 디자이너

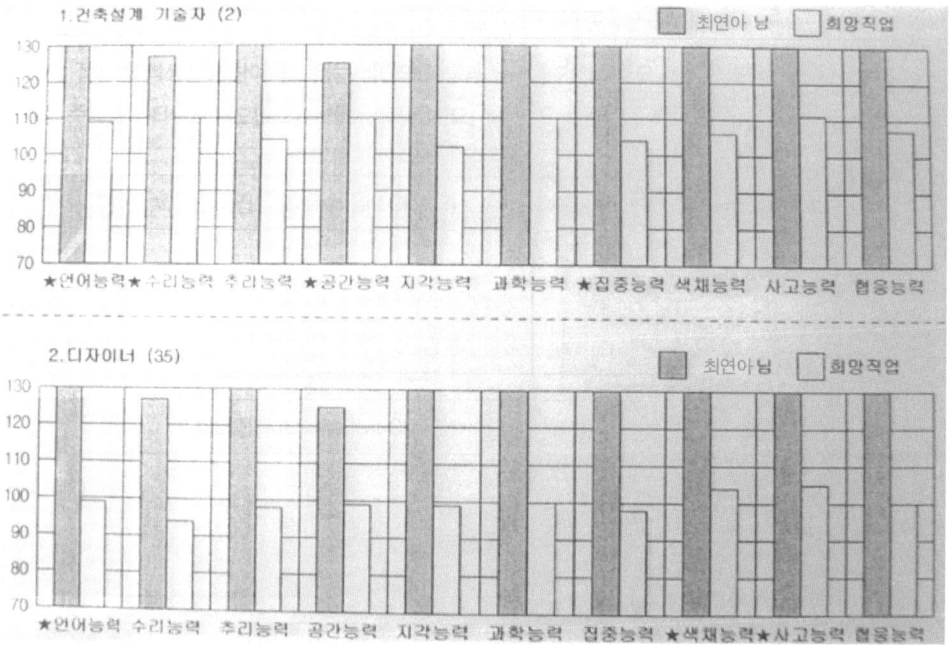

- 희망직업의 적성능력별 막대그래프의 길이는 각 직업별 적성능력에 대한 평균점수를 나타낸다.
- 각 직업에서 보다 중요한 능력들은 ★로 표시되어 있으므로 참고바란다.
- 희망직업과의 비교시 중요 능력들을 중심으로 학생의 뛰어난 능력과 부족한 능력이 어느 것이지 비교해 보아야 한다.

학생 교과활동 교사 평가 양식

학 생: 최 연 아 학년/반: 1 / 2

교 사: 안 선 미 날 짜: 2005. 10. 26(수)

1. 당신의 학생이 강점을 보이는 영역에 ✔표 하시오.

✔	학습에 대한 내적 동기를 갖고 있다.
✔	과제에 대한 집착력을 보인다.
	친구들과 협동하고 공유한다.
✔	융통성 있는 사고를 한다.
✔	유창한 사고를 한다.
✔	독창성을 보인다.
	비판적 사고 기능을 보인다.
	지도력을 보인다.
✔	창의적 문제 해결력을 보인다.
✔	논리적인 계획 능력을 보인다.

2. 당신의 학생은 다음과 같은 활동에 참여하였다.

우리는 요즘 교과서 11과 The Ocean Planet을 배우고 있습니다. 이 과는 환경문제를 다루고 있기 때문에, 우리들은 습지(wetland)의 중요성을 주제로 하는 활동을 하였습니다. 학생들 5명이 한 조로 구성되었습니다. 1단계에서는 주제와 관련된 자료를 찾아 정리하였고, 2단계에서는 모르는 단어를 찾아 내용을 이해했습니다. 3단계에서는 토론, 4단계에서는 아이디어를 정리하여 발표문을 작성하였습니다. 마지막 5단계에서는 교사로부터 피드백을 받은 발표문을 토대로 발표를 하는 것이었습니다. 교사는 각 단계마다 리더를 정해주어, 모든 학생들이 적극적으로 참여하도록 하였습니다. 연아는 이 중 5단계 리더 역할을 맡아, 자신의 조를 대표하여 반 전체 학생들 앞에서 발표를 하였습니다.

3. 학생의 산출결과에 대해 전체적인 평가는 다음과 같다.

연아는 과제집착력이 매우 뛰어난 학생으로, 3차시에 걸쳐 5단계 활동이 진행되는 동안 항상 습지(wetland)에 대해 묻고 연구하는 모습을 보였습니다. 친구들이 묻기 전에는 먼저 나서서 설명하지 않는 성향을 갖고 있으므로 초기에 우수함이 관찰되지는 않았으나, 조 활동이 전개되면서 연아가 다른 친구들에 비해 매우 논리적으로 생각하고, 세부적인 사항들을 연결하여 하나의 아이디어로 만들어낼 수 있는 학생이라는 것을 알게 되었습니다. 평소에는 수줍음이 많은 편이지만, 성실히 준비하여 많은 학생들 앞에서 자신감 있게 발표를 마쳤습니다. 영어 발음이 정확하고, 표현력이 좋습니다.

학부모 날인 ______ 교사 날인 ______

학생 교과활동 학부모 평가 양식

학 생: ____________ 학 년: ____________
학부모: ____________ 날 짜: ____________

1. 당신의 자녀는 집에서 자신이 참여한 교과활동에 대해 이야기를 하였습니까?

2. 당신의 자녀는 교과활동으로 인해 흥미나 여가 시간 활용 태도를 바꾸었습니까?

3. 당신의 자녀가 교과활동에 참여하는 과정에서 보인 과제집착력이나 참여도, 흥미 수준 등에 대해 기록해주십시오.

4. 당신의 자녀가 교과활동이 진행되는 동안 보인 특징이나 대화내용을 토대로 교과활동에 대한 전체적인 평가를 해주십시오.

5. 학부모님께서 자녀에게 제공해 주고 싶은 교과활동이 있으면 적어 주십시오.

학생 교과활동 자기-평가 양식

학 생: ______________ 학 년: ______________
학부모: ______________ 날 짜: ______________

1. 활동에 참여하면서 느낀 점을 적어 주십시오. 활동하는 과정이 즐거웠습니까?

2. 활동에 참여하면서 배운 것이 있으면 적어주십시오.

3. 당신이 수행해 낸 최종 산출결과에 만족합니까? 그렇지 못할 경우, 문제점은 무엇입니까?

4. 활동하는 동안 주어진 과제를 수행할 때 도움을 받은 책이나, 인터넷사이트, 사람 등이 있으면 적어주십시오. 어떤 점에서 도움을 주었는지도 함께 적어 주십시오.

5. 앞으로 이 주제와 관련된 또 다른 활동에 참여하고 싶습니까? 이 주제에 관해서 어떤 아이디어가 있습니까? 있으면 적어 주십시오.

재능 계발 행동 기록

날짜	학년	교사	일반수업	수준별 수업	원어민수업	과제(독립연구)
10. 26	1	안선미	습지(wetlands)의 중요성을 주제로 개인 발표			
10. 28	1	안선미		음식조리법(recipe) 작성한 뒤 발표하기		영어요리책 읽어보고, 활용할 수 있는 아이디어 적어오기
11. 01	1	Robert, Patrick			한국의 관광지를 주제로 이야기 나누기 (conversation)	

재능 계발을 위한 종합의견

학년	학기	제 언
1학년	1학기	연아는 탐구력과 집중력이 뛰어나다. 영어 발음이 정확하여 듣기에 편안하고, 많은 단어들을 알고 있다. 일반수업시간에 자신감 있게 영어발표를 하였고, 모든 활동에 적극적으로 참여하였다. 수준별 수업시간을 통해 다른 친구들에 비해 수준 높은 책들을 읽고 있고, 자신의 영어요리책을 준비하고 있다. 원어민 수업 시간에 적극적으로 참여하기 위해 수업 전에 많은 영어표현들을 준비하며, 한국인 영어교사를 적극 활용할 줄 안다. 원어민교사와 자주 대화하고 이메일을 통하여 지속적으로 소통하고 있다. 어려운 영어지문에도 싫증을 내지 않고, 전략적 읽기 능력을 사용할 줄 아는 학생이다.
	2학기	
2학년	1학기	
	2학기	
3학년	1학기	
	2학기	

목적 및 학교 밖 활동

학년	학생의 목적	학교 밖 활동과 수업
1	A. 음식을 소개하는 요리책을 영어로 써서 친구에게 선물한다. B. 패트릭 선생님에게 한국의 관광지 한 곳을 영어로 소개해 준다.	
2		
3		

학생 산출결과 평가 양식

1. 사용하는 단어(vocabulary)의 수준이 어떠합니까?

(5)	4	3	2	1	NA
매우 우수함		보통		미미함	

2. 세부사항들을 파악하여, 그들 간의 관계를 이해하고 적절하게 연결하는 능력이 어떠합니까?

5	(4)	3	2	1	NA
매우 우수함		보통		미미함	

3. 토론이나 발표, 작문을 위해 아이디어를 조직하는 능력이 어떠합니까?

(5)	4	3	2	1	NA
매우 우수함		보통		미미함	

4. 유머(humor)나 풍자(satire), 제2의미(second meanings) 등을 이해하고 사용하는 능력이 어떠합니까?

5	4	(3)	2	1	NA
매우 우수함		보통		미미함	

5. 아이디어를 떠올리고, 조직하는 측면에서 창의적 능력은 어떠합니까?

(5)	4	3	2	1	NA
매우 우수함		보통		미미함	

6. 주제를 명료하게 이해하는 능력은 어떠합니까?

(5)	4	3	2	1	NA
매우 우수함		보통		미미함	

7. 주제에 관련된 자료들을 찾는 능력은 어떠합니까?

(5)	4	3	2	1	NA
매우 우수함		보통		미미함	

8. 주어진 자료들을 읽고, 글쓴이의 의도를 파악하는 능력은 어떠합니까?

(5) 4 3 2 1 NA

매우 우수함 보통 미미함

9. 주제에 적절하며 신선한 단어들을 사용하는 능력은 어떠합니까?

5 (4) 3 2 1 NA

매우 우수함 보통 미미함

10. 생각한 것을 글이나 말로 전환시키는 능력은 어떠합니까?

5 4 (3) 2 1 NA

매우 우수함 보통 미미함

11. 독립연구 시 집중하는 능력은 어떠합니까?

(5) 4 3 2 1 NA

매우 우수함 보통 미미함

12. 소집단활동 시 참여도는 어떠합니까?

5 (4) 3 2 1 NA

매우 우수함 보통 미미함

13. 생각이나 느낌을 영어로 표현하려는 의지는 어떠합니까?

(5) 4 3 2 1 NA

매우 우수함 보통 미미함

14. 영어와 모국어간의 관계를 파악하는 능력은 어떠합니까?

5 (4) 3 2 1 NA

매우 우수함 보통 미미함

15. 단어(vocabulary)의 정의를 명확히 이해하고 효과적으로 사용하는 능력은 어떠합니까?

5 (4) 3 2 1 NA

매우 우수함 보통 미미함

Why are Wetlands Important?

Choi Hyun-a 

I live in a city. And I have not seen so many wetlands. But I know that they are very important to our ecosystem. Some people think protecting wetlands as a matter of life and death. But most of people don't know their importance and lose them. It is important to build a house or factory. But if we develop wetlands for it, our ecosystem will be damaged. A wetland is not only a beautiful part of nature but also an important part of our life. Now, I will say why wetlands are important.

Most of all, wetlands prevent flooding and drought. They are like a big sponge and absorb water. When it is dry, they slowly release water. They also give birds, fish, and other life forms food. They have nutrients in water. If wetlands vanish, we cannot see many beautiful birds and fish any more. Another reason is that they serve as nature's filter. When it rains, large amounts of sewage, farm fertilizers, and sediment come from land. Wetlands change chemicals in them into useable form and purify water. This ability of wetlands saves human life, and because of it, our oceans relive. Besides, wetlands is a house of many native species. Many animals need the special habitats for migration or reproduction. Wetlands create the environment like this for them. And many animals can live and breed.

Before I learn the importance of wetlands, I did not know they were an important part of our environment. I thought that they were just useless lands. But, now, I like wetlands and feel that preserving them is very important thing to me. I ask you to think over the importance of wetlands and endangered wetlands. Thank you for listening.

메시지 수신 일자: ________
학생 인터뷰 일자: ________
특별교육 적용 일자: ________

행동정보메시지

교과: 국어　　활동/주제: 논술수행평가 / 사교육은 필요한가?

학생이 개인적으로나 집단적으로 매우 높은 수준의 흥미나 관심, 과제집착력, 창의성을 보인 사건이나 상황을 간단하게 기술해 주십시오. 이와 관련하여 학생이 더욱 높은 수준의 활동을 하게 할 수 있는 아이디어가 있으면 기술해 주십시오. 그리고 이 주제나 영역에서 학생이 직접적인 탐구 활동을 수행하게 할 수 있는 방법이 있으면 적어 주십시오.

최연아는 자신이 먼저 손을 들어 의견을 말하는 학생은 아닙니다. 부끄러움이 많고 친구들 앞에 서 될 수 있으면 나서지 않으려고 합니다. 하지만 사실 언어능력이 매우 뛰어나고 또래 아이들에 비해 높은 사고수준을 갖고 있습니다. 얼마 전 '사교육은 필요한가?' 라는 주제로 논술한 것을 보면, 연아의 글은 서론—본론—결론의 구조를 명확히 갖추고 있고, 각 문단의 요지가 명확하게 드러나 있습니다. 연아는 사교육에 반대하는 입장을 취하고 있었는데, 반대하는 이유를 구체적인 예와 함께 설득력 있게 전개하고 있었습니다. 놀라운 것은 연아가 학교에서 배운 것을 제외하고는 논술지도를 받은 경험이 없다는 것입니다. 연아의 모국어능력이 영어시간에 긍정적으로 작용할 수 있으리라 생각됩니다. 이를 활용할 수 있는 많은 기회를 주십시오.

수신자 안선미(교과: 영어)　　발신자 홍영주(교과: 국어)　　일자 2005. 11. 3

◈ 역자 소개

이미순 (uconnmisoon@gmail.com)

University of Connecticut 교육심리(철학박사, 영재교육 전공)

♣ 저 · 역서 및 논문

교육과정 압축: 우수학생을 위한 정규교육과정 수정지침(2007)
다중메뉴모델: 차별화된 교육과정 개발을 위한 실제적인 지침(2007)
심화집단: 실제세계, 학생-주도적인 학습을 위한 실제적인 지침(2007)
영재아 행동특성 평정척도(2007)
재능개발을 위한 학교: 학교의 전반적인 개선을 위한 실제적인 계획(2007)
학습스타일 검사도구, 3판: 학생이 선호하는 교수방법 측정도구(2007)
흥미도구들: 교사용 지침(2007)
소외 영재 지도교사의 성공적인 지능 교수효능감(2006)
조기진급 및 조기졸업 유무에 따른 학업 동기와 자기조절적인 학습능력(2006)
Effects of Cultural Orientation on Psychosocial Adaptation of Korean Americans(2007) 외

종합재능기록표: 영재아 판별과 교육을 위한 체계적인 계획

Total Talent Portfolio:
A Systematic Plan to Identify and Nurture Gifts and Talents

인 쇄 일	2007년 6월 15일 초판 인쇄
발 행 일	2007년 6월 20일 초판 발행
저 자	Jeanne H. Purcell · Joseph S. Renzulli 지음
역 자	이미순 옮김
발 행 인	구본하
발 행 처	도서출판 박학사
주 소	서울시 마포구 서교동 476-53 세화회관
전 화	(02)3142-3765
팩 스	(02)3142-3766
E-mail	pakhaksa@kornet.net
웹사이트	www.pakhaksa.co.kr
등록번호	제10-2230호

정가 8,000원 ISBN 978-89-91633-34-6